LISBOA

INSÓLITA Y SECRETA

Vitor Manuel Adrião

EDITORIAL JONGLEZ

guías de viaje

La guía *Lisboa insólita y secreta* es distinta de las demás. Su autor, Vitor Manuel Adrião, nos brinda la oportunidad de descubrir el carácter tan particular de esta ciudad, destinada, en opinión de algunos, a convertirse en la capital espiritual de Europa. Es por ello que esta guía está adaptada a la ciudad, y a diferencia de nuestras guías anteriores, contiene numerosos elementos esotéricos que la convierten en una verdadera guía iniciática.

Nos hemos esforzado mucho para lograr proporcionar informaciones de fácil lectura para el lector que no posee conocimientos sobre la tradición iniciática. Hemos tratado de elaborar un contenido claro con numerosos recuadros temáticos cuyo objetivo es proporcionar los elementos necesarios para que se entiendan ciertas nociones a menudo difíciles de comprender por parte del público en general.

Lisboa insólita y secreta presenta, como el resto de nuestras guías, lugares, datos históricos y anécdotas que esperamos les sean de utilidad para seguir descubriendo los aspectos insólitos, secretos o aún desconocidos de la capital portuguesa.

Asimismo, *Lisboa insólita y secreta* pone de relieve numerosos detalles visibles de muchos de los lugares que frecuentamos a diario y en los que no nos solemos fijar. Son una invitación a observar con mayor atención el paisaje urbano y, de una forma más general, un medio para que descubran nuestra ciudad con la misma curiosidad y ganas con que viajan a otros lugares.

Cualquier comentario sobre la guía o información sobre lugares no mencionados serán bienvenidos. Nos permitirá completar las futuras ediciones de esta guía.

No duden en escribirnos:
Editorial Jonglez, 25 rue du Maréchal Foch
78000 Versailles, Francia
E-mail: info@editorialjonglez.com

LISBOA
IC17
Paco do Lumiar
Paiã
Brandoa
Pontinha
Amadora
Av. Padre Cruz
IC1
Norton de Mat
Estádio da Luz (Sport Lisboa é Benfica)
Estrada de Benfica
Benfica
Damaia
R. C. Michaelis
Buraca
Radial da Buraca
Jardim Zoológico
IC19
Alfragide
Parque Florestal de Monsanto
Estrada de Monsanto
Forte de Monsanto
Estrada da Circunvalação
Portela
Marcos
A5
Parque Florestal de Monsanto
Autoestrada do Oeste
Caselas
Estrada dos
Tapada da Ajuda
Caramão
Alcântara
Palácio Real das Neces-sidades
Av. Infante Santo
Agua Parque
p. 172
Forte do Alto de Duque
Estrada de Circunvalação
Avenida Dom Vasco da Gama
Ajuda
Calçada da Ajuda
Restelo
Estádio do Restelo
Santo Amaro
Belém
Mosteiro dos Jerónimos
Museu Nacional dos Coches
A2
IP7
Ponte 25 de Abril
E01
E90
Avenida da India
Torre de Belém

Charneca
Prior Velho
A1
IC2
E90
Portela
E01
LOURES
Av. Dr. A. Behsaude
Mosoavide
Musgueira
Aeroporto Lisboa-Portela
Autoestrada do Norde
Avenida Cidade de Porto
Olivais Norte
Beirolas
Parque das Nações
IP1
Avenida de Berlim
Gare do Oriente
Quinta do Lambert
Marechal Craveiro Lopes
IC19
Olivais Sul
Av. Marechal Gomes da Costa
Campo
Avenida do Brasil
Cabo Ruivo
Av. Almirante Gago Coutinho
Teresinhas
p. 98
Grande
Braço de Prata
Alvalade
Parque da Bela Vista
Av. Estados Unidos da América
Avenida da Republica
Campo Pequeno
Avenida João XXI.
Olaias
Chelas
Marvila
de Berna
A. do Cego
Beato
Picheleria
Moderna
Saldanha
p. 10
Madre de Deus
Avenida Almirante Reis
Este-fânia
Rua Morais Soares
Augusto Aguiar
Av. Fontes
Pereira de Melo
B. Lopes
Xabregas
Parque Eduardo VII.
Avenida Infante D. Henrique
Avenida da Liberdade
Graça
Igreja de Sta Engrácia
Anjos
Caminhos de Ferro
Teatro Nacional de Donna Maria II
Rato
Bairro Alto
Estação Central do Rossio
Alfama
Estação Maritima do Santa Apolónia
Castelo de São Jorge
Bento
Baixa
Praço do Comércio
Estação Cais do Sodré
p. 46
Rio Tejo
p. 206
1 km

ÍNDICE GENERAL

ALFAMA - GRAÇA - MOURARIA

BAIXA - ROSSIO

BAIRRO ALTO - SANTA CATARINA - CHIADO - CAMPO SANTANA

LAPA - MADRAGOA - ESTRELA - CAMPO DE OURIQUE

BELÉM - SANTO AMARO - AJUDA

FUERA DEL CENTRO

ÍNDICE

Intendente
Rua Andrade
Rua Maria da Fonte
Mercado do Forno do Tijolo
Rua Angelina
Rua António Maria Baptista
Avenida General Roçadas
Rua dos Sapadores
Rua do Vale de Santo António
Rua Antero de Quental
Avenida Almirante Reis
Tv. da Bica dos Anjos
Rua dos Anjos
Tv. do Forno dos Anjos
Tv. do Forno do Maldonado
Tv. do Maldonado
Tv. do Cidadão João Gonçalves
Largo do Intendente Pina Manique
Tv. da Cruz dos Anjos
Rua Damasceno Monteiro
Beco do Monte
Rua Virgínia
Rua Josefa Maria
Rua Rosalina
Tv. das Terras do Monte
R. de Josefa de Óbidos
Rua de Josefa de Óbidos
Rua da Senhora da Glória
Tv. da Senhora da Graça
R. do Cabral
Rua Man. Soares Guedes
Rua da Bombarda
Esc. das Olarias
Benformoso
Rua do Benformoso
Tv. do Benformoso
Beco Benformoso
Rua da Senhora do Monte
São Gens
Largo do Monte
Mir. da Senhora do Monte
Cal. do Monte
Tv. do Monte
R. das Beatas
Beco dos Peixinhos
Rua do Sol
Tv. de Santo António
Rua da Bela Vista
Beco do Forno do Sol
Vila Berta
Rua Leite de Vasconcelos
Rua da Graça
Rua das Olarias
Calçada do Monte
Rua do Desterro
Hospital do Desterro
Lázaro
Rua da Palma
Martim Moniz
Cal. Agostinho de Carvalho
R. Fernandes da Fonseca
Largo das Olarias
Rua dos Lagares
Caracol da Graça
Convento Nossa Senhora da Graça
Graça
Tv. da Pereira
Rua C
Tv. Comandante Avintes
Beco da Verónica
Tv. do Rosário
Rua da Verónica
Tribunal Militar
R. da Voz do Operário
Mercado de Santa Clara
Campo de Santa Clara
Rua da Mouraria
Cal. de Santo André
Tv. do Terreirinho
Tv. dos Lagares
Rua dos Cavaleiros
R. do Capelão
R. da Guia
Rua da Amendoeira
Calçada de Santo André
Jardim Augusto Gil
Largo da Graça
Calçada da Graça
Travessa das Mónicas
Largo de São Vicente
Arco Grande da Cima
Mosteiro de São Vicente de Fora
Panteão Nacional
Socorro
Esc. da Saúde
Marquês de Ponte de Lima
Costa do Castelo
Rua do Milagre de Santo António
Rua de São Pedro Mártir
L. da Rosa
R. das Farinhas
Castelo de São Jorge
Parque Infantil
Museu da Marioneta
R. de Santa Marinha
Largo de Santa Marinha
R. de São Vicente
Calçada de São Vicente
Calçada das Escolas Gerais
Largo do Outeirinho da Amendoeira
Travessa do Meio
Travessa dos Remédios
C. do Cascão
L. de Santa Cruz do Castelo
R. dos Cegos
R. de São Tomé
Rua do Salvador
Rua das Escolas Gerais
Esc. do Arco de Dona Rosa
Rua dos Remédios
Bairro do Castelo
Museu de Artes Decorativas
L. do Salvador
L. de Santo Estêvão
Rua do Vigário
Rua do Museu de Artilharia
Largo do Museu de Artilharia
Rua do Regedor
Rua de São Cristóvão
Cal. do Marquês de Tancos
Mercado do Chão do Loureiro
R. do Chão da Feira
Esplanada do Castelo
Museu do Fado
Santo Estêvão
Beco do Mexias
Rua do Jardim do Tabaco
Alfândega
L. Adelino Amaro da Costa
Rua da Madalena
Castelo
L. dos Loios
Rua das Damas
Mir. de Santa Luzia
R. do Limoeiro
São Miguel
Rua de São Miguel
L. do Terreiro do Trigo
Rua do Terreiro do Trigo
Rua de São Mamede
Tv. do Almada
Rua de Pedras Negras
Rua das Douradores
Alfama
Rua da Saudade
Mus. Antoniano
Rua A. Rosa
L. de São Rafael
Alfândega
Henrique
Santo António
Sé Catedral
São João da Praça
Rua de São João da Praça
Cais de Santarém
Rua dos Fanqueiros
Rua da Conceição
Rua de São Julião
Rua do Comércio
R. dos Bacalhoeiros
Casa dos Bicos
Conceição Velha
Rua da Alfândega
Rua da Prata
R. do Instituto Virgílio Machado
Avenida Infante Dom Henrique
Jardin do Tobaco
Ministérios
Praça do Comércio
Avenida
Terreiro do Paço
Estação Fluvial Terreiro do Paço
Cais das Colunas
1
2
3
4
5
6
7
8
9
10-14
15

ALFAMA - GRAÇA MOURARIA

VILA BERTA

1

Rua da Vila Berta en Graça
(entre el Beco do Forno do Sol y la Travessa Pereira)
• Tranvía: nº 28; Autobús: nºs 712, 725 y 734, parada Largo da Graça

El renacimiento de una calle obrera olvidada

A finales del siglo XIX, Lisboa conoció un importante crecimiento demográfico, debido notablemente a la llegada masiva de portugueses que buscaban trabajo en la capital. Para hacer frente a esta afluencia, nacieron nuevos barrios obreros y con ellos nuevas viviendas: las *vilas operárias*, caracterizadas por rentabilizar espacios pequeños al máximo. La Vila Berta, que agrupa unas treinta viviendas, forma parte de una de las mil "calles obreras" que surgieron en Lisboa. Arquitectónicamente, es considerada como la más importante de todas las que han sobrevivido.

Construida entre 1902 y 1908 por Joaquim Francisco Tojal, dueño de una casa en el barrio de Graça interesado en hacer una buena inversión inmobiliaria, la Vila Berta es un complejo de viviendas compuesto por dos líneas de edificios con las fachadas de color amarillo claro, orientadas hacia una callecita. En el lado oeste, los edificios de tres plantas están separados por jardincitos. Tienen unas increíbles terrazas en la parte de arriba, con barandillas de hierro forjado y apoyadas en unos pilares. En el lado este, las viviendas solo tienen dos plantas y unos balcones sencillos. Muchas son las referencias arquitectónicas de la Vila Berta, que debe su nombre a la hija de quien las diseñó. El friso de azulejos donde se lee el nombre de la Vila se inspira en el estilo *art nouveau* y el hierro forjado evoca la arquitectura típica de la Europa de finales del s. XIX.

La Vila Berta no siempre fue el complejo encantador lleno de flores y colores que se ve hoy. Hace unos años, el paso del tiempo había hecho mella dejando las viviendas en muy mal estado, razón por la cual los alquileres congelados a precios extremadamente bajos impedían a los dueños de las casas realizar las obras necesarias para acabar con aquella muerte lenta.

En 2015, Joanna Grilo, de la asociación Vai, inició el proyecto de restauración de la Vila Berta gracias a la financiación del Ayuntamiento de Lisboa. La movilización de esta arquitecta y de los residentes de la Vila logró que importantes empresas portuguesas públicas y privadas (como EDP, Portugal Telecom o Weber) sumasen su apoyo al del Ayuntamiento, lo que ha permitido que Vila Berta recupere todo su encanto.

BAIRRO ESTRELLA D'OURO
1908
AGAPITO SERRA FERNANDES

LAS ESTRELLAS DEL BARRIO DE ESTRELA DE OURO ❷

Barrio de Graça
• Autobús: nº 107

Un barrio claramente «masónico»

Ubicado entre el nº 22 de la rua da Graça (calle de Gracia) y el nº 14 de la rua da Senhora do Monte (calle de Nuestra Señora del Monte), el barrio de Estrela de Ouro (Estrella de Oro) fue diseñado en 1907 por el arquitecto Manuel Joaquim Norte Júnior. Construido en 1908 por encargo de Agapito Serra Fernandes, empresario gallego de la industria de la confitería, que deseaba alojar a sus obreros. Finalizada en 1909, esta *villa* -palabra con la que se denominaban antiguamente a los barrios obreros- se componía de 120 hogares distribuidos en pequeños edificios de 2 o 3 plantas. En el centro, aislada, estaba la residencia *Rosalina*, la casa del propietario. Hoy es una casa para jubilados que está situada en el número 13 de la rua Josefa Maria. La puerta, casi siempre abierta, da acceso a un encantador conjunto de casas y jardines, con una hermosa huerta a la izquierda. Lo más sorprendente de este barrio son las estrellas de cinco puntas que se aprecian sobre las aceras, fachadas, etc. Importante símbolo masón, la estrella nos recuerda que Agapito Serra Fernandes pertenecía a la masonería, probablemente a la Logia *Estrella del Noroeste* que en 1880 se instaló en Betanzos, La Coruña (Galicia), bajo la obediencia del Gran Oriente Lusitano Unido. Se sabe con certeza que el arquitecto Norte Júnior era masón del Gran Oriente Lusitano Unido, practicante del Rito Escocés Antiguo y Aceptado, y que desempeñó incluso un papel importante en la logia masónica *Amor da Pátria* (Amor de la Patria), fundada en Horta, las Azores. El diseño del conjunto de viviendas de Estrela de Ouro tiene forma de U. Sus calles y plazas llevan los nombres de los familiares de Agapito Fernandes. Observe asimismo los preciosos paneles de azulejos polícromos que evocan el nombre del propietario y la estrella relacionada con el nombre del barrio que a veces aparece esculpida en relieve.

En el barrio también se encontraba el Cine Royal, la primera sala de cine sonorizada de Portugal, inaugurada a finales de 1929, que proyectó la primera película de Metro-Goldwin-Mayer sonorizada, *Sombras blancas en los mares del sur*, de Van Dyke, el 5 de abril de 1930, en presencia del presidente de la República. Hoy es un supermercado (nº 100 de la Rua da Graça) que ha conservado el precioso reloj de época.

CADEIRA DE S. GENS

LA SILLA MILAGROSA DE SAN GENS

3

Capilla de Nossa Senhora do Monte y São Gens
Mirador Senhora do Monte
• Horario: todos los días de 9 a 13 h y de 15 a 18 h
• Autobús: nº12

"*Siéntese sobre una silla para propiciar un buen parto*

La capilla de *Nossa Senhora do Monte y São Gens* (Nuestra Señora del Monte y San Gens) es un lugar con una curiosa tradición. Detrás de la entrada, en una pequeña celda oculta del público por una puerta de madera, se encuentra la famosa *silla de São Gens* (o *trono do Santo Jina*), un asiento de mármol pulido con forma ergonómica desgastado por el tiempo y el uso de las mujeres embarazadas.

Cuentan que el legendario personaje de San Gens fue el séptimo obispo cristiano de *Olisipo* (la Lisboa romana) poco después del año 300, y discípulo de uno de los apóstoles ibéricos de Santiago el Mayor, que llegó a Hispania poco tiempo después de la crucifixión de Cristo. Cuentan que su madre murió al darle a luz. Esta leyenda es el origen de una curiosa tradición según la cual las mujeres lisboetas embarazadas que desean tener un parto feliz han de sentarse en *la silla de San Gens* (que antes estaba fuera de la capilla).

Las mujeres del pueblo conservaron esta tradición que fue respetada por varias reinas de Portugal, como Dña. Catalina, esposa de Juan III y abuela de D. Sebastián. Todas ellas se sentaron en la silla milagrosa.

Esta capilla fue fundada por cuatro hermanos ermitaños agustinos cuando Alfonso Henriques reconquistó Lisboa a los moros. Fue mejorada a principios del siglo XIII por Dña. Susana, una dama noble, agradecida por haber tenido un feliz parto, contribuyendo a incrementar la fama milagrosa del lugar que entonces se consagró a *Nossa Senhora da Visitação do Monte.*

São Gens debe su nombre a la contracción latina de *Genesius* o *Genesio*: génesis, el uso de la piedra encuentra aquí una verdadera similitud con el nombre del santo.

PALÁCIO DOS TÁVORA

4

Travessa da Nazaré, 21, Mouraria
• Visita previa petición en el palacio
• Autobús: nº 37

"Un encanto arrebatador

Sede actual del Grupo Desportivo da Mouraria, el Palacio dos Távora, del siglo XVIII, es uno de los lugares más increíbles y menos conocidos de Lisboa.

Hoy, las antiguas caballerizas albergan el gimnasio, y la antigua cocina sigue revestida de azulejos llamados padrão, de la época pombalina (segunda mitad del siglo XVIII). Fue después del terremoto que destruyó Lisboa en 1755, durante el mandato del marqués de Pombal, primer ministro del rey José I, cuando surgió la necesidad de encontrar un material de revestimiento barato y fácil de producir, y las fábricas de cerámica empezaron a fabricar a gran escala, para las nuevas casas, azulejos padrão con los que se podía crear un número incalculable de combinaciones.

La antigua sala principal de este palacio al que hoy llaman "la catedral del fado" posee un encanto arrebatador con sus pinturas del siglo XVIII que adornan el techo de madera y las paredes. El cuadro *Prudência*, por duplicado, con sus atributos del espejo y de la serpiente, adorna, entre querubines y rosas, la entrada de la sala. Mirarse en el espejo significa conocerse a sí mismo porque nadie puede ser dueño de sus actos si no se conoce y no corrige sus defectos.

La serpiente, símbolo de la sabiduría antigua representada por la diosa griega Minerva, se protege la cabeza cuando es atacada enroscándose sobre la cabeza misma, lo que enseña moralmente a defenderse del mal con todas sus fuerzas. Es por ello que según las Sagradas Escrituras hay que "ser prudentes como serpientes y sencillos como palomas". (Mateo 10:16)

Esta prudencia no protegió a la familia Távora de la furia, de la persecución y del exterminio que les tenía reservados el marqués de Pombal, acusándola del atentado contra el rey José I, acusación fundada sencillamente en el interés personal del marqués y que sigue sin demostrarse hasta hoy.

El Palácio Távora también posee una sala decorada con frescos del siglo XIX que incluyen representaciones del Palacio Da Pena de Sintra, pero los han borrado a raíz de un misterioso proyecto elaborado por los ediles del consejo municipal de Lisboa, actual propietario del edificio.

O NACIMENTO DE
CHRISTO

COLÉGIO DOS MENINOS ÓRFÃOS

5

Rua da Mouraria, 64
Entrada libre sin horario
• Metro: Martim Moniz

Un verdadero prodigio del arte del azulejo portugués

Detrás del centro comercial *Mouraria*, en el nº 64 de la calle de la Mouraria se encuentra la entrada del *Colégio dos Meninos Órfãos* (Colegio para niños huérfanos), bajo la protección de Nuestra Señora de Montserrat.

La mayor parte del tiempo la puerta está abierta por lo que la visita tiene un carácter «semi clandestino» que le da cierto encanto. Después de cruzar el pequeño patio y el majestuoso pórtico de estilo rococó (de la época de Don Juan V), descubrirá un verdadero prodigio del arte del azulejo portugués: un conjunto de paneles del siglo XVIII, con marcos rococó, que decoran los cuatro pisos de la escalera del edificio. Es único en Lisboa. Los paneles relatan la historia completa de los antepasados de la Virgen María -de la casa de David- hasta el anuncio de la Pasión de Cristo, cuando el niño desaparece de la casa de su madre y es hallado en el templo entre los grandes sacerdotes. Esta obra en azulejos simboliza la antigua función del edificio del colegio de los huérfanos: dar cobijo a estos niños sin padre ni madre, abandonados a su suerte, que por lo general vivían en bandas errando por Lisboa.

En 1273, la reina Doña Brites, mujer de Don Alfonso III, padre de Don Dionisio, mandó construir este hogar para niños abandonados. Fue reformado en 1549 por orden de la reina Doña Catalina, mujer de Don Juan III, para acoger a más de 30 huérfanos a cargo de la Compañía de Jesús, que hizo de este hogar el colegio para huérfanos más antiguo del mundo y un establecimiento de educación único. En 1745, el edificio fue reformado a petición de Don José I.

Tras la abolición de las órdenes religiosas en 1834, el *Colégio dos Meninos Órfãos* fue cayendo en declive hasta perder su función de origen. A mediados del siglo XX, el edificio fue transformado en un cuartel de policía, que se trasladó posteriormente, y luego en un gimnasio. Entre 1989 y 1990 se realizaron obras de conservación.

CURIOSIDADES DE LA IGLESIA DE MENINO DEUS

6

Igreja do Menino Deus
Calçada do Menino Deus, 15-27
• Visitas previa solicitud al Patriarcado de Lisboa: 218810500
• Autobús: nº 37 - Tranvía: nº 12

"*Cuando el Niño Jesús concede un descendiente a D. Juan V*

Salvada del seísmo de 1755 la sorprendente *igreja do Menino Deus* (iglesia del Niño Dios), se visita mediante cita previa. A principios del siglo XVIII habían en este lugar unas casas y una capilla que los monjes de la *Ordem Terceira de S. Francisco de Xabregas* adquirieron para fundar un hospital. Una religiosa del convento de la *Madre de Deus* (Madre de Dios) regaló a este nuevo edificio religioso una estatuilla del Niño Jesús, considerada muy milagrosa, a la que llamaron *Menino Deus* y que hoy aún existe. Posteriormente, el hospital de los religiosos y la nueva iglesia, regalo de D. Juan V, tomaron este nombre. D. Juan V no lograba engendrar su primer hijo y al conocer las propiedades milagrosas del *Menino Deus*, lo invocó rogándole que le concediera un descendiente. Milagrosamente, al poco tiempo la reina dio a luz a un varón y el rey atribuyó esta gracia a la divina intervención. Se interpretó que el *Menino Deus* quería perpetuar la monarquía lusitana, considerada divina desde que Cristo se le apareciera a D. Alfonso Henriques en Ourique. Fue así como el 4 de julio de 1711, en presencia de la familia real y de la corte, el rey colocó la primera piedra de esta nueva iglesia, inaugurando un ciclo de obras reales que culminaría con la construcción del magnífico convento de Mafra, la más emblemática de las construcciones joaninas (estilo rococó imperante bajo D. Juan V). El proyecto de la iglesia es del arquitecto João Antunes, siendo ésta su última obra. El diseño es original: la capilla mayor profunda y la nave única rectangular con las esquinas cortadas crean un espacio unificado que sin ser de planta centrada da una sensación de envolvimiento, acentuada por la distribución de los púlpitos. La *igreja do Menino Deus*, cuya fachada manierista integra elementos barrocos, fue considerada un modelo arquitectónico para las iglesias barrocas posteriores cuyo estilo iluminado intentó humanizar lo divino, como antes el gótico divinizó lo humano. Se iniciaba así un nuevo ciclo de ideas en la arquitectura y en el arte, como se puede observar aquí en la decoración interior, verdadera muestra artística de la época joanina.

LOS AZULEJOS DEL PALACIO BELMONTE

7

Pátio de Dom Fradique, 14
• Autobús: nº 28, parada Prazeres

"Una magnífica colección de azulejos del siglo XVIII

Erigido sobre la colina del Castillo de San Jorge en 1449 y ampliado en 1640, el Palacio Belmonte posee una espectacular colección de azulejos del siglo XVIII que se puede ver de dos formas: hospedándose en el palacio (en nuestra habitación preferida, la Ricardo Reis, especialmente) o pidiéndolo amablemente en la recepción. Desde su construcción, el palacio fue la residencia de la familia Figueiredo Cabral cuyos miembros fueron a la vez marqueses de Atalaia, duques de Loulé y condes de Belmonte.

En 1720, la familia encargó a los portugueses Manuel dos Santos y Valentino de Almeida la realización de 59 paneles de azulejos azul cobalto sobre fondo blanco lechoso para decorar el palacio según los temas de moda en la época: la mitología, el Antiguo Testamento, las escenas campestres,

la música, la vida en el campo y el mar. Se necesitaron cinco años para terminar el trabajo ya que los hijos de los dos maestros ceramistas, que eran aprendices, se encargaron de realizar los azulejos de los pasillos.

En 1725, al terminar la obra, la familia celebró una gran fiesta en la que toda la corte se vio representada en escenas que hoy podemos observar en los azulejos de los salones de la planta noble.

En el comedor, los azulejos representan a estos mismos personajes sentados en la hierba, en unos magníficos paisajes, alrededor de manteles de lino: la vajilla de plata brilla, las viandas y los vinos son variados, traídos en barco de las quintas vecinas. En el salón de música, que da a la gran terraza del palacio que domina la ciudad de Alhama y el Tajo, estos personajes aparecen rodeados de músicos.

También se evocan otros temas como la huida de Egipto (gran salón) o el signo de Acuario (salón verde), ya que Figueiredo nació bajo el signo de Acuario. En el pequeño salón contiguo al salón verde, los azulejos representan escenas relacionadas con la hospitalidad, valor fundamental de otro tiempo. La habitación Ricardo Reis (seudónimo de Fernando Pessoa, que tuvo unos 70) está decorada con tres paneles que narran el Libro I de la Eneida de Virgilio. Por último, dos de las habitaciones de la *suite* Egas Moniz, compuesta por 4 estancias, tienen azulejos que representan la vida en el campo y la vida de los hombres de mar del siglo XVIII, aunque algunos azulejos desaparecieron una noche en los seis años que duró la restauración del Palacio Belmonte, de 1995 a 2001.

LA CISTERNA DE SAN MIGUEL DE ALFAMA 8

Museu do Fado
Largo do Chafariz de Dentro, Alfama
• Horario: de martes a domingo de 10 a 18 h
• Visita guiada de la cisterna mediante cita previa
• Tel.: 218823470
• Metro: Santa Apolonia

Alfama de las buenas aguas

Las aguas de Alfama o *Águas Orientais* (aguas orientales) fueron incorporadas a la red de abastecimiento de Lisboa en 1868 con la construcción -sustituyendo la antigua *chafariz da Praia* (fuente de la Playa)- de una cisterna que recogía el agua y de una estación de bombeo a vapor que la transportaba hasta la torre de aguas de Verónica que acababa de construirse (1862). El *museu do Fado* (Museo del Fado) está sobre esta cisterna y se puede visitar previa cita.

La máquina de vapor de la estación de bombeo se conserva en el auditorio del Museo del Fado y la enorme cisterna está en el patio. Se accede dentro bajando por una escalera que da a una galería subterránea con arcadas, donde el agua circulaba por canalizaciones hasta este depósito urbano, el cual fue hasta principios de los años 50 uno de los principales puntos de distribución de aguas de los barrios vecinos de Alfama.

A finales del siglo XIX estas aguas, que en algunos casos alcanzan una temperatura superior a los 20ºC, fueron catalogadas como milagrosas y medicinales. Ya en el siglo XVII se utilizaban en los baños públicos *(alcaçarias)* que permanecieron abiertos hasta principios del siglo XX.

El uso termal de estas aguas con fines terapéuticos fue reconocido en el siglo XVII. Por ejemplo, de los dos manantiales de las *Alcaçarias do Duque*, se recomiendan las aguas del primero para las enfermedades de la piel, del aparato digestivo y de las alergias, y las del segundo para el reumatismo, las vías respiratorias y las dolencias femeninas.

Los principales baños públicos de Alfama fueron: *Alcaçarias do Duque* (aguas de 30ºC a 34ºC), los *Banhos de Dona Clara* (24ºC a 28ºC), las *Alcaçarias do Baptista* (32ºC a 34ºC), cerca de *S. João da Praça* al final de la rua do Barão y los *Banhos do Doutor* (27ºC). Como consecuencia de las obras de canalización, el manantial del antiguo *Tanque das Lavadeiras* (Lavadero de las Lavanderas) de Alfama quedó al descubierto. Las pretendidas propiedades curativas de estas aguas obtuvieron tal fama que la gente acudía de todas partes.

¿POR QUÉ LA FUENTE D'EL REI TIENE SEIS CAÑOS DE AGUA?

En la esquina de la Rua do Cais de Santarém y Largo do Terreiro do Trigo, la fuente d'El Rei (Chafariz d'El Rei) tuvo hasta nueve caños de agua. Hoy solo quedan seis y cada uno cumplía una función específica.

Por un decreto del 30 de junio de 1542, la fuente se convirtió en el único punto público de abastecimiento de agua de toda la ciudad y muchísima gente acudía a ella.

Desesperada por la espera, a menudo insoportable, delante de los caños, la gente empezó a discutir y a darse de golpes. Una ordenanza municipal de 1551 puso fin a las disputas atribuyendo un caño de agua a cada categoría social.

El de la izquierda del todo estaba reservado a los hombres de color y a los mulatos; el segundo, a los presidiarios; el tercero y el cuarto, a las mujeres y hombres blancos; el quinto, a las mujeres de color y a las mulatas, y el sexto era para las sirvientas blancas.

Quienes no respetaban esta ordenanza debían pagar una multa a la ciudad, calculada según sus posibilidades económicas…

Una placa colocada en la pared de la derecha indica las numerosas restauraciones de la fuente. Construida hacia 1220 bajo Alfonso II, fue trasladada en 1308 dentro de la muralla fernandina por orden del rey Dionisio I.

Para agradecer al soberano por esta iniciativa funcional, la población la rebautizó como la fuente del rey. Reformada por cada rey, deteriorada por el terremoto de 1755, hoy muestra el aspecto de las últimas obras de restauración de 1864.

LOS SÍMBOLOS DE SANTA LUCÍA

9

Igreja Santa Luzia de Malta
Largo de Santa Luzia
• Horario: de 10 a 18 h
• Autobús: nº 37

“Sabiduría divina en la iglesia de Santa Lucía de Malta

Reconstruida tras el seísmo de 1755, la iglesia de *Santa Luzia de Malta* (Santa Lucía de Malta) presenta en su fachada lateral un cuadro de azulejos de Santa Lucía y dos enormes paneles de azulejos -que representan la conquista de Lisboa y la *Praça do Comércio* antes del seísmo- obra de António Quaresma y realizados en la *Fábrica da Viúva Lamego*.

En su interior, la mayoría de las estatuas fueron trasladadas a la vecina iglesia de S. Tiago (Santiago), pero aún se pueden admirar algunas imágenes contemporáneas de la Orden de Malta y un conjunto de túmulos de sus nobles caballeros.

Casi todos los santos del santoral cristiano son adaptaciones iconográficas de los antiguos dioses celtas, griegos y romanos, para los cuales el cristianismo creó leyendas sagradas, atribuyéndoles así una existencia real. Sin embargo son ficciones que sólo toman vida y fuerza a través de la devoción popular.

De este modo, *Luzia* (Lucía) corresponde a la diosa solar *Lusina* (*luzia*, luz…) de los celtíberos en su nueva versión cristianizada. Está colocada cerca de las *portas do Sol* (puertas del Sol) para respetar la tradición arcaica de los enclaves sagrados donde se rendía, y aún se rinde culto a esta diosa o santa.

A pesar de que ningún estudio sobre los mártires habla del suplicio de Santa Lucía, se cuenta sin embargo que le arrancaron los ojos, y la representan incluso con sus ojos en una bandeja, lo que explica el significado de su nombre: «la que emite luz». Su fiesta litúrgica es el 13 de diciembre, pocos días antes del solsticio de invierno (el nacimiento de la luz). Se la considera una santa portadora de claridad y enseñanzas, al igual que la diosa *Lusina*, maestra compañera del dios *Lug*, enviada por éste para enseñar sus artes a los humanos. Tal vez esta sea la razón por la que es invocada por los ciegos, ya que en términos simbológicos inmediatos, el hecho de ver es equivalente al de saber y la ceguera es homónimo de ignorancia.

Así, el simbolismo de Lucía lleva, a través de la luminosidad de su nombre y de sus atributos (a veces los ojos son sustituidos por una lámpara o una vela), a asociarla con las antiguas diosas portadoras de luz y sabiduría.

Esta iglesia primitiva y fortificada, construida en tiempos de Don Alfonso Henriques, evoca la presencia de los Iluminados de la Sabiduría Divina, que en su época pertenecían a la Orden de San Juan de Malta, y que eligieron a Lucía como Diosa Luz, portadora de los mismos atributos luminosos que la diosa egipcia Isis -la que ilumina y muestra el camino de la perfección-.

LA LEYENDA DE *SANTA LUZIA* (SANTA LUCÍA)

Cuenta la leyenda que la virgen Lucía de Siracusa (13 de diciembre) habría llevado a su madre enferma ante la tumba de Santa Ágata en Catania. Al curarse su madre, Lucía repartió sus bienes entre los pobres. Denunciada por ser cristiana al cónsul Pascasius, fue condenada a vivir en un prostíbulo. Pero se resistió tanto, que ni siquiera dos juntas de bueyes fueron suficientes para arrastrarla hasta allí. Fue cruelmente martirizada, arrancándole sus ojos. Finalmente fue degollada en el año 304. Tiene como atributos dos ojos en una bandeja y, a veces, una junta de bueyes. De este modo, la leyenda recuerda que la integridad de la luz en la vocación religiosa, proveniente de Dios, es tal que ningún hombre mortal podrá profanarla.

PROTEGERSE DE LA FIEBRE O DE LOS DOLORES DE GARGANTA: LOS MILAGROS DE SAN BLAS

Una extraña estatua de San Blas ocupa un lugar de honor en la iglesia de Santa Lucía, construida en forma de cruz latina. Este santo es considerado milagroso por los lisboetas que padecen fiebre o dolor de garganta, así como por los que son ciegos o tartamudos.

Cuenta la leyenda que San Blas *(São Brás)*, obispo cristiano martirizado por los romanos en el año 316 en Armenia, extrajo con la mano una espina que un niño tenía atravesada en la garganta y colocó luego dos velas encendidas cruzadas sobre su boca. Este milagro le convirtió en el Santo Patrón de las enfermedades de garganta, así como en el protector de las guildas profesionales de fabricantes de velas, cirios y productos hechos a base de cera.

La estatua -de tamaño natural- muestra a San Blas con vestimenta litúrgica, adornada con la cruz de la Orden de Cristo, sosteniendo el báculo episcopal en su mano. San Blas es uno de los santos patrones (véase más abajo) de esta orden, justo detrás de San Juan Bautista, principal protector de esta institución militar y religiosa.

Cuenta la leyenda que el 3 de febrero, en pleno invierno, San Blas -siguiendo un consejo divino- dejó la ciudad de Sebaste y se refugió en una cueva del monte *Argeo*, cuya raíz etimológica *arg* procede de *argentum* o plata. Existe una relación entre *arg* y *garg*, o *gurg*, origen de la palabra garganta, lo que lleva a asociar a San Blas no sólo con las dolencias de garganta sino también con los espacios profundos de la Tierra convirtiéndose así en el representante de las divinidades de las profundidades.

San Blas es un santo de invierno cuya festividad sigue a la de la Virgen de la Candelaria -2 de febrero- como si *Brás* o *braseiro* (brasero en portugués) fuera el sol de medianoche que al iluminarse iluminara así la noche invernal. En este contexto, la noche representa la profundidad, la oscuridad, el misterio que sólo puede ser atravesado a la luz de las velas sagradas que iluminan esta *plata*, expresión simbólica de la pura sacralidad lunar, femenina e intuitiva presente en la *Luz de Luzia* de esta iglesia, en la que finalmente San Blas tiene razones para estar...

¿POR QUÉ SAN BLAS ES UNO DE LOS SANTOS PATRONES DE LA ORDEN DE MALTA?

En Lisboa, San Blas es el Santo Patrón exclusivo de la Orden de Malta, presuntamente fundada en dicha ciudad el día de su festividad (3 de febrero) durante el reinado de Don Alfonso Henriques (siglo XII). De las 23 encomiendas que la Orden de Malta tuvo en Portugal, la de Lisboa fue una de las más importantes tanto económicamente como histórica y políticamente, hasta tal punto que fray Lucas de Santa Catarina llegó a considerarla con gran entusiasmo en sus *Memorias de la Orden Militar de San Juan de Malta* (1734) como Gran Priorato, lo que jamás fue, ya que en la época de este autor, la sede de esta Orden se encontraba en el monasterio de Flor da Rosa, en Crato (Alentejo) donde se estableció en 1340 tras llegar de Belver o Leça de Bailio (Matosinhos).

LOS INSÓLITOS CAPITELES DE LA CATEDRAL DE LA SÉ (10)

Largo da Sé
- Horario: de lunes a sábado de 10 a 18 h
- Autobús: nº 37 - Tranvía: nº 12 o 28

> ***No es sólo un símbolo de la lucha entre cristianos y musulmanes...***

Obra inicial de Fray Roberto de Lisboa, Maestre de los *Monjes Constructores* del siglo XII (véase texto sobre el hermetismo pág. 50), la construcción de la catedral de la Sé se inició en el románico y concluyó en el gótico. En la entrada principal unos sorprendentes capiteles románicos decoran el pórtico central a ambos lados.

Uno de los capiteles ilustra la lucha entre dos caballeros, uno montado sobre un león y el otro sobre un toro, extraña representación de la *Psychomachia* o lucha moral entre cristianos (el caballero barbudo y el león se vinculan con la Luz, el Sol y Cristo) y moros (el caballero imberbe y el toro cuyas astas representan la media luna, símbolo de Mohamed).

Además de esta lectura alegórica inmediata, también se ve esta lucha estratégica como la expresión del ciclo cósmico de la Tierra dirigida por el Sol y la Luna, que expresa la esencia misma de la Vida y de la Muerte. Este carácter astronómico/astrológico, marcado por la oposición de los signos de Leo y Tauro, también indica la existencia de un culto mixto o andrógino, que se celebraba en esta catedral. Uno de carácter público, el católico, representado por el León de Judá, y otro de carácter reservado, que según dicen también se celebraba en este lugar, representado por el Toro, iconológico de la Tradición Secreta o Primordial.

La unión entre el León de Judá y el Toro de Ismael (animal que figuraba en el blasón de la tribu de Ismael, de quien desciende el Islam, y que simboliza también las fuerzas ocultas del poder espiritual) se logra mediante la intervención del arcángel San Miguel, representado en el capitel contiguo. En este contexto, la presencia del arcángel San Miguel simboliza la unión de la tradición y la religión, y al luchar contra el dragón -asociado por la exegesis católica a la herejía musulmana- San Miguel nos recuerda igualmente que la Sé cristiana fue anteriormente una mezquita islámica de *Al-Ushuna*, la Lisboa árabe.

PRINCIPIOS DE LA ARQUITECTURA SAGRADA

Un burgués de la Edad Media iba paseando por una cantera cuando se encontró con tres trabajadores. Les preguntó qué estaban haciendo. «Ganándome la vida», contestó el aprendiz, « Tallando una piedra», contestó su compañero. El tercero, el maestro de obra, miró al forastero con desdén y declaró: «Estoy construyendo una catedral».

Poseedores de los conocimientos herméticos de la geometría sagrada, origen de la arquitectura también sagrada, los *Monjes Constructores* medievales constituyeron la primera *Masonería operativa* [o corporativa], constructora de los principales monumentos románicos y góticos de Europa, principalmente de las grandes catedrales. Éstas fueron diseñadas para que reprodujeran el propio Universo, de modo que lo que está arriba [en el Cielo] fuera idéntico a lo que está abajo [en la Tierra] y viceversa. Los templos son formas estáticas del movimiento celeste, sin embargo están animados por la presencia de los fieles.

El plano de suelo del templo corresponde a una proyección horizontal y ordenada del Universo. Según la orientación solar, cada punto cardinal indica una posición extrema del ciclo estacional y diario, colocando el templo en un movimiento en armonía con el Espacio. El recorrido del templo reproduce el año solar marcado por las fachadas, por un camino que conduce desde las Tinieblas a la Luz.

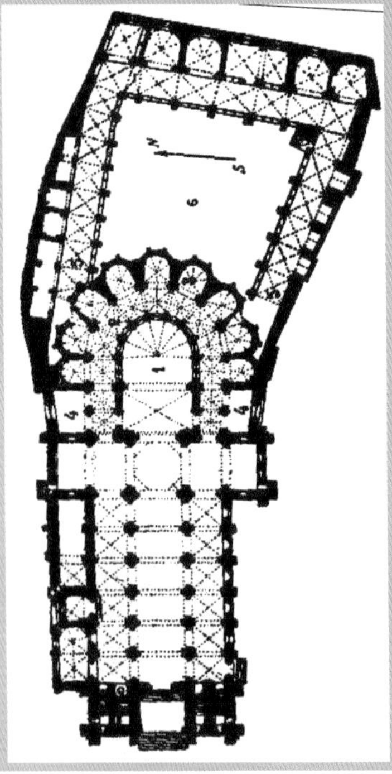

En la concepción judeocristiana, el otoño o crepúsculo está al Oeste; el invierno o medianoche está al Norte; el amanecer o alba de la primavera, al Este; y finalmente el verano o mediodía, al Sur. El calendario litúrgico utiliza esta dinámica del espacio, ya que en función de la época del año ritual algunas puertas se abren mientras que otras se cierran, en clara referencia a la simbología de las Puertas Santas. El Norte es el lugar menos iluminado del templo, simboliza el frío, las tinieblas, el mundo invisible representado por el mundo subterráneo o la cripta.

Toda la simbología del portal norte está consagrado a los orígenes estelares, a la Estrella Polar.
El Este indica el principio del Mundo, es por ahí por donde sale el sol y por donde su primer rayo toca el altar. También indica la dirección de Jerusalén y sobre todo de la Jerusalén Celeste (símbolo del Paraíso), concentrando en sí la potencia del sol naciente que irradia como la Vida por todo el templo. El Sur marca el cenit solar, el apogeo de la Creación y su crucifixión. Es el lugar del púlpito, del Evangelio como Verbo Divino manifestado. El Oeste representa el recogimiento, la muerte, el punto de contacto entre lo profano y lo sagrado; es por ello que la puerta de la entrada principal se encuentra al Oeste, para que el mortal acceda a la condición de inmortal simbolizado por el altar mayor al Este. El Oeste marca el otoño, el fin de los tiempos de un ciclo planetario marcado por el zodíaco que aquí está representado en el centro por el Padre Eterno (representando el sol central) o por el Hijo rodeado de los doce apóstoles.
De acuerdo con el *decumano* (orientación este-oeste) y el *cardo* (orientación norte-sur) hay dos entradas en el templo: la principal, llamada *puerta del Tiempo*, que señala el recorrido del sol por la nave de Este a Oeste. El *decumano* determina el eje humano del edificio, desde el nacimiento hasta la muerte, es decir de Este a Oeste. La entrada por la puerta Oeste permite llevar el tiempo de la muerte a la vida, es decir desde el neófito, que viene desde el exterior del templo, al iniciado, que participa en el Origen Primordial representado por el altar mayor al Este.
También existe una entrada lateral, conocida como *puerta de la Eternidad*, relacionada con el *cardo* (orientación norte-sur). El *cardo* representa el eje de la Eternidad y se cruza con el *decumano* que expresa el Tiempo, es decir el Tiempo de la Eternidad, debajo de la clave de la bóveda, piedra angular, filosofal, de todo el templo.
El templo es la expresión estática del Cuerpo de Dios por lo que su *boceto* representa un cuerpo humano con los brazos en cruz o caídos a lo largo del cuerpo. Cada parte del templo posee cualidades asimilables al cuerpo humano. Así, el círculo del ábside representa la cabeza; el crucero y la nave cuando se cruzan representan el corazón, la vida que palpita en todo el templo. En cuanto a la fachada oeste, representa los pies del Cuerpo de Dios por lo que reproduce y resume los principios y funciones de toda la construcción. La lectura de la fachada oeste informa al neófito del proceso espiritual que deberá llevar a cabo en el templo. Los *pies* de Dios evocan también los de los fieles que penetran en su Morada a fin de realizarse plenamente en la gracia del Espíritu.
Toda esta distribución crea una atmósfera de *devoción vibratoria* entre el Hombre y el Cosmos. La entrada del templo corresponde a la entrada en el cuerpo del hombre, es decir, a una *introspección*.
En realidad se trata de la realización del principio judeocristiano presente en el hermetismo de «conócete a ti mismo y conocerás el Universo y los Dioses».

LA PUERTA SANTA DE LA CATEDRAL DE LA SÉ ⓫

Largo da Sé
- Horario: de lunes a sábado de 10 a 18 h
- Autobús: nº 37 - Tranvía: nº 12 o 28

> **¿Recuerdo del paso del Grial por esta puerta?**

Manifestación en la tierra de la Puerta del Paraíso Terrenal custodiada por el arcángel San Miguel, la Puerta Santa simboliza el paso entre el mundo humano y el mundo divino. Abre sólo en determinadas fechas y en circunstancias señaladas por el calendario religioso, como el Jubileo, razón por la cual sólo los templos más importantes de la cristiandad, ligados a sus fundamentos espirituales, tienen Puertas Santas.

Al contrario de lo que se podría pensar, las cuatro basílicas de Roma no son las únicas en tener una Puerta Santa. Al entrar en la catedral de la Sé de Lisboa, verá a la izquierda una discreta inscripción sobre el pórtico que atestigua de la existencia, aquí mismo, de una Puerta Santa. En el exterior, subiendo por la rua do Aljube, a lo largo de la fachada norte del edificio, está el otro lado de la puerta. Las explicaciones sobre su existencia son tan escasas como vagas, lo único cierto es que da acceso tanto al interior de la iglesia como al aposento del Cardenal Patriarca, a través de una pequeña puerta lateral situada en un recoveco de la primera.

Tras la fundación del Patriarcado de Lisboa el 3 de noviembre de 1716, la Curia lisboeta estimó que si la iglesia de San Pedro en Roma tenía una Puerta Santa, la catedral de la Sé de Lisboa también debía tener una, tal vez por la misteriosa tradición según la cual la propia copa del Grial (receptáculo de la sangre de Cristo y de las lágrimas de la Virgen) habría pasado por esta puerta varios siglos antes. A principios de 1717 y utilizando como pretexto la construcción del aposento del Patriarca, se anexó la Puerta Santa, actitud reveladora de la Iglesia portuguesa que quería librarse de la política de la Iglesia romana, un poco como si dijera «los romanos tienen una, los portugueses también»…

Aparentemente, la primera Puerta Santa data del siglo XII, cuando el obispo Diego Gelmírez inauguró la Puerta Santa de la catedral de Santiago de Compostela con ocasión del Año Santo (25 de julio de 1101). En 1499 el papa Alejandro VI abrió una en Roma, seguramente inspirado en la otra Puerta Santa de Jerusalén, más conocida como *Puerta del Sol* (o *Puerta Dorada* o *Puerta del León*) que Jesús habría cruzado el Domingo de Ramos y por donde debería pasar, según la creencia, el siguiente Mesías.

Esta tradición está unida a la celebración del Jubileo (instituido por primera vez por el papa Bonifacio VIII el 22 de febrero de 1300 y que se celebra cada 25 años desde la bula *Ineffabilis providentia* del papa Pablo II del 9 de abril de 1470), Año Santo y momento en que el Papa o el Patriarca abren las Puertas Santas.

Simbólicamente, la Puerta Santa representa a María, la *Puerta del Cielo* (*Portae Coelis*), señalada por la flor de lis esculpida sobre el exterior de la puerta y que expresa la *Realeza Divina*. Cruzar esta Puerta Santa -que sólo el Cardenal Patriarca puede abrir y cruzar- simboliza el paso cíclico de la mortalidad hacia la inmortalidad.

Finalmente las letras griegas Alfa y Omega, también grabadas sobre la Puerta Santa, simbolizan el *Principio* y el *Fin* y representan al Dios Todopoderoso, Señor de la vida y de la muerte por quien todas las cosas fueron creadas y serán cosechadas, como dice el apóstol San Juan en el Nuevo Testamento (*Apocalipsis, 1, 4-8*) y el Profeta Isaías (*44, 6-8*) en el Antiguo Testamento. En la Edad Media, las letras Alfa y Omega solían adornar la aureola del Juez del Universo, a la derecha y a la izquierda de su frente. Ambas letras griegas se utilizan mucho para decorar los túmulos cristianos indicando que la persona enterrada ha visto en Dios su principio y su fin.

EL SIMBOLISMO SAGRADO DE LA FLOR DE LIS

Símbolo de Lisboa (*Lis Boa o Boa Lis* como la llamó el cronista Fernando Lopes en 1434), la flor de lis se identifica simbólicamente con el *Lirio* y el *Lis* (*Lilium*). Según Mirande Bruce-Mitford, Luis VII el Joven (1147) habría sido el primer rey de Francia en utilizar el lirio como emblema y en ponerlo en el sello de sus Cartas Patentes (decretos reales). Como el nombre de Luis se escribía *Loys* en la época, «*fleur de louis*» (flor de Luis) se habría transformado en «*fleur de lis*» (flor de lis), los tres pétalos representando la Fe, la Sabiduría y la Valentía.

En realidad, aunque exista un gran parecido entre el lirio y la flor de lis, el monarca francés no hizo sino adoptar un símbolo muy antiguo de la heráldica francesa: en 496 d. de Cristo, un ángel se le habría aparecido a Clotilde, mujer de Clovis, rey de los Francos, y le habría regalado un lirio blanco, hecho que contribuyó a su conversión al cristianismo. Este milagro recuerda también el episodio que vivió la Virgen María cuando el Ángel de la Natividad, Gabriel, se le apareció, con un lirio en la mano, para anunciarle que estaba predestinada a convertirse en la Madre del Salvador. La flor está también presente en la iconografía de José, el padre de Cristo, para designarle como el patriarca de la nueva dinastía sagrada, portadora de la Realeza Divina.

En el año 1125, la bandera de Francia (y su escudo) representaba un campo sembrado de flores de lis y ello hasta el reinado de Carlos V (1364), fecha en que el número de flores de lis se redujo a tres, cuando el rey adoptó oficialmente este símbolo para honrar a la Santa Trinidad, sugerida por los tres pétalos de la flor.

El lirio estilizado de la flor de lis es también una planta bíblica, asociada al emblema del rey David así como a la persona de Jesucristo («*Miren los lirios del campo...*» Mateo, 6:28-29). Aparece igualmente en Egipto, asociada a la flor de loto, y también en los asirios y los musulmanes. Muy pronto se convirtió en un símbolo de poder y de soberanía, de realeza de derecho divino, significando también la pureza del cuerpo y del alma. Es por esta razón que los antiguos reyes de Europa eran divinos, consagrados por la Divinidad a través de la autoridad sacerdotal y debían ser, en principio, justos, perfectos y puros como lo había sido la Virgen María «Lirio de la Anunciación y de la Sumisión» (*Ecce Ancila Domine*, «*He aquí la Servidora del Señor*», revela el

apóstol Lucas), y Santa Patrona de todo el poder real. Así, el lirio ocupa el lugar del lis, los españoles traducen «*fleur de lis*» por «flor de lirio» y simbólicamente los dos están asociados al mismo lirio.
En botánica la flor de lis no es ni un iris ni un lirio. El iris (*Iris germanica*) es una planta de la familia de las iridáceas, originarias del norte de Europa. Las especies de lirios más conocidas (*Lilium pumilum*, *Lilium speciosum*, *Lilium candidum*) son plantas de la familia de las liliáceas, originarias de Asia menor y central.
La verdadera flor de lis no pertenece ni a la familia de las iridáceas ni de las liliáceas: se trata de la *Sprekelia formosissima*, perteneciente a la familia de las amarilidáceas, originaria de México y Guatemala. Conocida en otros idiomas como lirio azteca, lirio de São Tiago, lirio de San James (*St. James lily*), lirio de Santiago, la *Sprekelia formosissima* es la única especie de su género. Fue el botanista Carl von Linné quien le dio este nombre en el siglo XVIII cuando recibió algunos bulbos de J. H. Van Sprekelsen, un abogado alemán. Los españoles introdujeron la planta en Europa a finales del siglo XVI cuando trajeron bulbos de México.
Su simbolismo sin embargo ya era conocido desde hacía tiempo por los monarcas y príncipes de Portugal ya que desde Don Alfonso Henriques y sobretodo desde finales del siglo XIII, el lis transformado o estilizado en flor de lis hizo su plena aparición en las armas portuguesas, con todo el simbolismo inherente inmediato y esencial, y ello gracias a la influencia árabe que lo trajo a la península ibérica, desde Egipto, durante la ocupación.

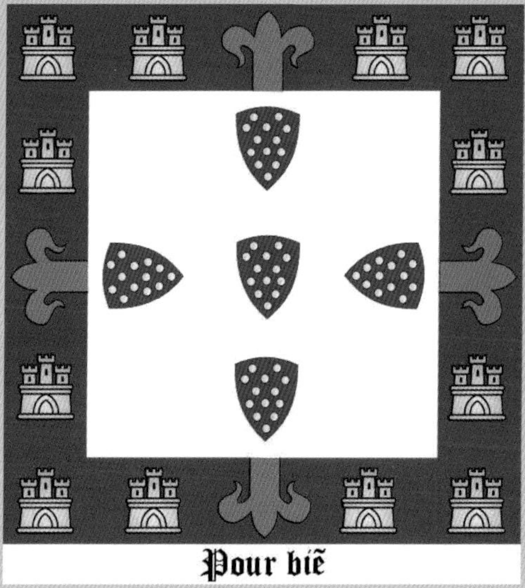

LOS PENTAGRAMAS DEL CLAUSTRO DE LA CATEDRAL DE LA SÉ

12

Largo da Sé

- Horario: lunes de 10 a 17 h. Martes a sábado de 10 a 19 h
- Autobús: nº 37 - Tranvía: nº 12 o 28

El símbolo mágico de un exorcismo medieval

La construcción del claustro de la catedral de la Sé de Lisboa, que comprende dos estilos arquitectónicos -románico y gótico-, se inició durante el reinado de Don Dionisio (1279-1325). Se observan, esculpidos, rosetones en cruz y estrellas de seis, y sobre todo de cinco puntas, sobre los arcos.

La estrella de cinco puntas o pentagrama (representada con el mismo número de candelabros delante del altar mayor del templo) tiene aquí un significado muy especial: en la iconografía cristiana representa las cinco llagas de Cristo crucificado, aunque también se la identifica, por su forma cerrada, con el círculo que representa la unión del principio y del fin en Cristo.

Para los *Monjes Constructores* medievales (véase texto sobre el hermetismo pág. 44), el pentagrama significaba la *realización*, la expresión de lo *perfecto*, hasta tal punto que se convirtió en señal de reconocimiento de los miembros de las Cofradías de Arquitectos, que dibujaban este símbolo en sus cartas a modo de saludo, y que equivalía a la palabra latina *vale* (cuídate). Era conocido entonces como *higia*, del nombre griego de *Higia* o *Hygeia*, diosa de la Salud.

Si el pentagrama marca aquí la presencia productiva de los *Monjes Constructores* medievales, también representa el símbolo mágico del exorcismo y de la protección contra las influencias malignas, tanto visibles como invisibles. En la Edad Media era el talismán más poderoso que representaba a Cristo Todopoderoso, al propio Dios Viviente, ante el cual las tinieblas malignas resultaban inefectivas.

Así es como el pentagrama se convierte aquí en el símbolo protector del claustro, expresión del Paraíso o de la *Jerusalén Celeste*.

Por su forma cuadrada abierta sobre la bóveda celeste, el claustro representa la unión de la Tierra y el Cielo como símbolo de la intimidad del hombre con Dios.

Antes de las excavaciones arqueológicas había un pozo y un árbol en el centro del jardín del claustro. El pozo representaba el mundo inferior y el árbol el mundo celeste.

El claustro representaba de este modo los tres niveles del centro cósmico del paraíso o *Jerusalén Celeste* (el subterráneo, el terrestre y el celeste) y estaba protegido por el pentagrama figurativo de Cristo.

EL CAPITEL DE LAS AVES DEL CLAUSTRO DE LA CATEDRAL DE LA SÉ

13

Largo da Sé
- Horario: lunes de 10 a 17 h. Martes a sábado de 10 a 19 h
- Autobús: nº 37 - Tranvía: nº 12 o 28

Las aves: mensajeras del Verbo Divino

En uno de los capiteles del claustro de la catedral de la Sé figura esculpida la representación alegórica de dos aves bebiendo en una copa. De acuerdo con el *Livro das Aves (Libro de las Aves)* de Santa Cruz de Coímbra y con el conjunto del bestiario medieval, el bestiario islámico incluido, las aves son las mensajeras del Verbo Divino (véase también el *Eclesiasta, X, 20*).

En el arte románico, las aves se alimentaban del pan espiritual (Gnosis) y de la Sangre Real (Iluminación) -evocación de la Eucaristía- en el Santo Vaso (o *Saint Vaisel*), que la espiritualidad medieval celebraba, mediante los trovadores y juglares, con el nombre de *Santo Grial.*

Sobre este capitel, un ave levanta el pico mientras ingiere el pan espiritual, evocando con este gesto el alma que se eleva en los misterios de la sabiduría de Dios. La otra ave prueba la Sangre Real de la copa, evocando así la misma alma que se encarna por la gracia del Espíritu Santo.

CLAUSTRO DE LA CATEDRAL DE LA SÉ

14

Largo da Sé
• Horario: lunes de 10 a 17 h. Martes a sábado de 10 a 19 h
• Autobús: nº 37 - Tranvía: nº 12 o 28

Un símbolo de la asunción de las almas humanas

En el claustro de la catedral de la Sé, construido en el siglo XIII durante el reinado de Don Dionisio, podrá admirar una singular columna gótica con personajes esculpidos que ascienden en espiral desde la base hasta la cima.

Procedente de una de las capillas menos utilizadas del claustro, la columna simboliza el ascenso de las almas de la Tierra al Cielo, las cuales, según

el número de virtudes que poseen, corren el peligro constante de ser eternamente condenadas al Infierno, o como mínimo, de pasar un tiempo indefinido en el Purgatorio. La *columna de las Almas* simboliza también las cuatro clases sociales de la Edad Media (clero, nobleza, burguesía y pueblo) que inician la peregrinación de Lisboa a Santiago de Compostela, considerada entonces la peregrinación más importante y en la que participaban todos: curas y obispos, reyes y nobles, y sobre todo el pueblo, todos en el intento de redimir sus pecados y de obtener indulgencias.

LAS ESTELAS ROMANAS DE PEDRAS NEGRAS ⓯

Travessa das Pedras Negras, Largo da Madalena, 1-3
• Tranvía: n°s 12 y 18; autobús: nº 737; metro: Rossio, Baixa-Chiado o Terreiro do Paço

"*La historia en las esquinas de Lisboa*

Conocido como "edificio de Almada", este edificio pombalino, situado en los números 1 a 3 de la Travessa das Pedras Negras, se construyó en 1749 por encargo de D. João de Almada e Melo, señor de Souto d'El-Rei. La fachada lateral, en la esquina del edificio con la Rua das Pedras Negras, está decorada con cuatro estelas blancas.

Si se acercan a la fachada, verán que estas piedras albergan inscripciones latinas que evocan su origen: estas estelas romanas estaban probablemente dedicadas a los dioses romanos Mercurio y Cibeles.

Al parecer, en el siglo II se erigió un templo en honor a la diosa Cibeles en este mismo lugar.

Estas cuatro estelas, descubiertas mientras se realizaban unas obras en los cimientos del edificio, catalogado monumento nacional en 1910, forman parte del gran conjunto de descubrimientos arqueológicos de la época romana en esta zona de Lisboa, como las galerías romanas (los criptopórticos de la Rua da Prata, cuya visita ofrece el Ayuntamiento de Lisboa solo una vez al año); el centro arqueológico (*núcleo arqueologico*) de la Rua dos Correiros (hallado en 1995 cuando se estaba reformando un edificio); y el teatro romano vecino, construido en la época del emperador Augusto en el siglo I, reconstruido por orden de Nerón, desmantelado durante el reinado de Constantino y abandonado en el siglo IV, y últimamente redescubierto en 1798 en el Patio de Aljube.

Entre las frases casi borradas por el paso del tiempo, aún se pueden adivinar algunas letras. En la primera estela, se puede leer la inscripción incompleta MERCVUR... / CAESA... / AVGVST.../C. IVLIVS F. IU.../ PERMISS V. DEC.../DEDIT. F..., en la que solo se puede descifrar el nombre de Cayo Julio y las invocaciones del dios Mercurio y del emperador Cesar Augusto.

La segunda estela incluye, además de la inscripción, un trozo de columna y un pequeño pedestal, y en ella se pueden leer las palabras DEVM MATR/T. LICINIVS/AMARANTIVS/V.S.L.M, que se pueden traducir por "Tito Licinio Amaranto, en honor a la madre de los dioses".

Una estela de mayor tamaño, de más de dos metros de alto, reza la inscripción L. CAECILIO. L.F. CELERI. RECTO./QVAEST. PROVINC. BAET.7 TRIB. PLEB. PRAETORI. FEL. IVL./OLISIPO, que significa "Felicitas Julia Olisipo rinde homenaje a Lucius Caecilius, hijo de Lucius Celeri, rector, cuestor de la Bética, tribuno del pueblo y pretor".

Esta inscripción, homenaje del pueblo del Lisboa al pretor Lucio Cecilio, de la provincia de la actual Andalucía, pone de manifiesto lo importante que era Lisboa para Julio César.

La última estela tiene la forma de un pequeño frontón y reza la siguiente leyenda: MATRI DE/VM MAG, IDAE/A FRHYG. T. L./LYCH CERNO/P.H.R. PERN. IIVI/ CASS. ET CASS. STA./M. AT. ET AP. COSS. GAI, una dedicatoria de Cayo Licinio Cerno –originario de Licaonia, en Asia menor– en referencia al monte frigio Ida, santuario de Cibeles.

LA MAGIA DE LAS "PIEDRAS NEGRAS"

El topónimo 'piedras negras' proviene de la primitiva calzada romana, hecha con piedras negras, que llevaba al templo de la diosa Cibeles. Las piedras negras de esta calle tenían un propósito mágico: los antiguos creían que canalizaban la energía telúrica de la tierra, que el espacio que rodeaba el templo estaba poderosamente magnetizado gracias a estas energías, y que la piedra negra evitaba que se dispersaran.

El color negro también señalaba la fase inicial de una evolución progresiva indicada en el suelo que finalizaba a las puertas del santuario de Cibeles.

OLISIPO: UNA ADAPTACIÓN LISBOETA DE LA DIOSA CIBELES

Los romanos tomaron las referencias a Mercurio y a Cibeles de la cultura griega. Cibeles era una diosa originaria de Frigia, cuyo culto empezó en Asia menor y se expandió hasta la Grecia antigua bajo el nombre de *Potnia Theron*, "Señora de los animales".

Los latinos la llamaban la *Magna Mater* y aquí, en Olisipo, la Lisboa romana, la "nacionalizaron" y la identificaron con la diosa greco-ibérica Ulisipa, fundadora mítica de la ciudad.

Cibeles era representada con una corona de murallas, alegoría del poder militar protector, junto a unos leones que simbolizan el poder imperial, o en un carro tirado por felinos, sujetando entre sus manos un cuerno de la abundancia, referencia a la fertilidad y a la opulencia.

Se cree que en Lisboa tres grupos sociales diferentes practicaban el culto a Cibeles: los soldados encargados de defender la ciudad y que la reconocían como la *genius loci*, la "protectora del lugar", los políticos que le pedían riquezas y honores y las mujeres que le rezaban pidiendo ser fecundas y tener un embarazo sano.

Largo da Anunciada
Elevador do Lavra
Rua das Portas de Santo Antão
Rua Joaquina
Tv. da Pena
Beco do Birbantes
Martim Moniz
Coliseu dos Recreios
Rua dos Condes
Teatro Politeama
Cal. de Luís da Pena
Cal. Nova do Colégio
Tv. do Colégio
R. José António Serrano
Graça
Lázaro
L. do Convento da Encarnação
Santana
R. Martim Vaz
Rua da Palma
Rua Martim Moniz
Rua da Mouraria
R. do Capelão
Socorro
Praça dos Restauradores
Palácio Foz
Eden Teatro
Restauradores
Palácio da Independencia
L. do Regedor
L. de São Domingos
Rua Barros Queirós
Esc. da Saúde
R. do Marquês de Ponte de Lima
Elevador da Glória
Estação Central do Rossio
Teatro Nacional Dona Maria II
São Domingos
Rossio
Rua Dom Antão de Almada
Rua Dom Duarte
Poço do Borratém
Rua do São Pedro Mártir
L. da Rosa
R. das Farinhas
Praça da Figueira
Pr. Dom Pedro IV (Rossio)
Rossio
G. N. R. Museo Arqueológico
Costa do Castelo
Rua da Oliveira
R. da Trindade
Teatro da Trindade
Rua Nova da Trindade
Rua da Misericórdia
Largo do Carmo
Tv. do Carmo
Calçada do Sacramento
Elevador d. Santa Justa
Rua Aurea
Rua Augusta
Rua de Santa Justa
Rua da Assunção
Baixa
Rua dos Douradores
Rua do Regedor
Rua de São Cristóvão
Cal. do Marquês de Tancos
L. Adelino Amaro da Costa
Rua de São Mamede
Rua da Vitória
Rua Garrett
Largo do Chiado
Rua Ivens
Baixa-Chiado
Rua da Prata
Rua de São Nicolau
Rua dos Correeiros
Rua dos Fanqueiros
Rua da Madalena
Rua de Pedras Negras
Tv. do Almada
Chiado
Rua dos Sapateiros
Rua do Crucifixo
(Rua do Ouro)
Rua Nova do Almada
Rua da Conceição
Rua de São Julião
Rua do Comércio
Teatro Nac. de S. Carlos
Governo Civil
Faculdade de Belas Artes
Museo Chiado
M. Nacional de Arte Contemporânea
Rua Maria Cardoso
Rua António Maria Cardoso
Rua Serpa Pinto
Rua Vitor Cord
Cal. de S. Francisco
Câmara Municipal
Rua do Arsenal
Ministério da Justiça
Praça do Comércio
Conceição Velha
Ministérios
Pr. do do Município
Ministérios
L. do Corpo Santo
Avenida da Ribeira das Naus
Cais das Colunas
Gare Fluvial
1
2
3
4
5
6
7
8
9
10
11
12
13
14
15
16
17
18
19

BAIXA - ROSSIO

EL MISTERIOSO *CAIS DAS COLUNAS* 1

• Metro: Terreiro do Paço

> ***¿La puerta de entrada masónica del futuro «emperador del Mundo»?***

La denominación *Cais das Colunas* (Muelle de las Columnas) debe su existencia a dos pilares monolíticos erigidos en cada extremo de la Praça do Comércio, creación del arquitecto Eugénio dos Santos durante la reconstrucción de la ciudad tras el seísmo de 1755.

Estas columnas de inspiración bíblica, y sin duda masónicas, son idénticas a las del templo de Salomón, *Jakim* y *Bohaz* (Sabiduría y Devoción).

El *Cais das Colunas* se abre sobre el Tajo y su estuario atlántico, detrás del cual están los demás continentes, pueblos y culturas. Es, por consiguiente, la puerta de entrada del mundo en Lisboa, por lo que, desde muy temprano, los sebastianistas creyeron que sería aquí donde el «Rey Encubierto», o «Deseado» emperador del mundo (véase pág. 116), desembarcaría finalmente, procedente de la «isla de la Utopía». La Casa Real de los Masones de Lusitania se aprovechó del mito y, muy probablemente, mandó colocar las columnas masónicas en el muelle. Justo enfrente, en línea recta, en el centro de la plaza, está la estatua ecuestre de Don José I, anunciando al Emperador del Universo que mira hacia el muelle, y tras él, el Arco de la calle Augusta que abre Lisboa al mundo.

La idea subyacente del conjunto arquitectónico y artístico de la Praça do Comércio es la de personalizar los atributos divinos de la última *sefirot* (Esfera) del Árbol de la Vida de la *kaballah* judeocristiana (véase pág. 181): *Malkuth*, símbolo del *Reino* y del *Mundo*. El *Cais das Colunas* se convierte así en la entrada del *Templo del Deseado* simbolizado por la plaza, mientras que el Arco de la calle Augusta es el portal de la *Ciudad de los Misterios*.

No existe ningún documento escrito sobre el año de construcción del *Cais das Colunas*. Sólo se sabe que lo terminaron a finales del siglo XVIII ya que aparece en un grabado de Noel and Wells, *A view of the Praça do Comércio at Lisbon*, que data de 1792. Las columnas se derrumbaron a finales del siglo XIX y fueron colocadas de nuevo en 1929. Desmontado a principios de 1997, debido a las obras de ampliación del metro entre Chiado y Santa Apolonia, el *Cais das Colunas* recuperó su emplazamiento en el Terreiro do Paço o Praça do Comércio el 25 de agosto de 2008.

LA ARQUITECTURA SAGRADA DE LA BAIXA POMBALINA

Del Rossio al Terreiro do Paço

La Baixa Pombalina tiene una superficie de 23,5 hectáreas. Este barrio nació tras el terremoto de 1755 gracias a los esfuerzos del ministro de Obras Públicas del rey D. José I, el marqués de Pombal (véase pág. 209). El proyecto muestra la red cuadrada construida por dos corporaciones: la *Casa dos 24* (la Casa de los 24), fundada en 1383; y la *Casa Real dos Maçons da Lusitânia* (la Casa Real de los Masones de Lusitania), fundada en 1733. Anteriormente, durante el reinado de D. Juan V, el 3 de noviembre de 1716, Lisboa se dividió en dos partes, Oriental y Occidental (para darle una doble faceta, Sol/Masculino/Occidente por una parte y Luna/Femenino/Oriente por otra), gracias a la intervención de este rey adepto a la tradición del Quinto Imperio y la alquimia nacional. Para respetar la Tradición Hermética (véase a continuación), el marqués de Pombal mantuvo los 12 barrios de la ciudad (numéricamente iguales a los 12 signos del zodíaco) diseminados por las 7 colinas representativas de los 7 planetas tradicionales. Diseñó asimismo 17 arterias, retomando el número 17, cifra clave de Portugal (véase pág. 92).

Tres arterias principales parten del Terreiro do Paço (terraza del Palacio): la rua Augusta flanqueada por las ruas do Ouro y da Prata. Simbolizan el caduceo de Mercurio formado por una columna central por la que suben dos serpientes entrelazadas, negra y blanca: una solar (dorada) y otra lunar (plateada). Estas serpientes (u *ofiússas*) representan las arterias por las que fluye la energía vital: la lunar es fría y pasiva y la solar, ardiente y activa.

En el simbolismo tradicional, el oro representa el sol, y la plata la luna, por lo que la rua do Ouro (calle del Oro) corresponde pues a la parte solar del «caduceo pombalino», y la rua da Prata (calle de la Plata) a la lunar. La rua Augusta simboliza el bastón central, canal de fusión y síntesis de estas dos fuerzas polares primordiales.

EL HERMETISMO: REFLEJAR SOBRE LA TIERRA LA ORGANIZACIÓN CÓSMICA PARA ATRAER LA ENERGÍA DIVINA

Para la Tradición Hermética (proveniente de los textos de Hermes Trismegisto, considerados egipcios mucho tiempo), reproducir sobre la Tierra (plano de una ciudad - techo de una sala) el esquema de la organización cósmica (estrellas, planetas, etc.) es un medio para atraer sobre el lugar en cuestión la Energía Divina.

LAS SIETE COLINAS SAGRADAS DE LISBOA

Una de las leyendas que explican el origen de Lisboa cuenta que la ciudad fue fundada por Ulises que se enamoró aquí de Ofiussa, la reina de las mujeres-serpiente. Cuando el héroe homérico regresó a su patria griega a bordo de su barco *Argos*, abandonando a Ofiussa, ésta se enfureció tanto que hizo temblar la meseta de *Ulisibona* u *Olisipo*, hoy Lisboa, creando así las siete colinas de la ciudad. Según la tradición, mezcla de mito y profecía que circula entre los lisboetas, las sietes colinas de Lisboa son la expresión de los siete portales de la Jerusalén Celeste, representados por los siete principales templos cristianos de Lisboa, erigidos en lo alto de cada una de las colinas: S. Cristóbal, S. Vicente de Fora e Sé Velha, S. José da Anunciada, N. ª Sra. De Gracia, Chagas de Cristo, Sta. Catarina y S. Roque.
La idea de trasladar el significado sagrado de las siete colinas de Jerusalén (Gared, Goath, Acra, Bezetha, Moriah, Ophel y Zion) y de Roma (Campidoglio, Quirinal, Viminale, Esquilino, Celio, Aventino y Palatino) a Lisboa, de acuerdo con la trayectoria del Sol de Oriente a Occidente, es muy antigua, y ha sido transmitida de una forma erudita por los autores portugueses del siglo XVI y XVII, como Cristóbal Rodrigues de Oliveira y Frei Nicolau de Oliveira que superpusieron la grandeza de Lisboa sobre la de Roma.
Las siete colinas de la capital (alegóricas de los siete principios de la materia: atómico, subatómico, éter, aire, fuego, agua y tierra) son: S. Jorge, en Mouraria; S. Vicente, en Alfama; Santa Ana, en Anunciada; Santo André, en Graça; Chagas, en el Carmo; Santa Catarina, al lado del Largo de Camões; y San Roque, en el Bairro Alto. Para la Tradición Sagrada las siete colinas representan los siete polos espirituales del Mundo (*Qubts* o *Chakras* en árabe y sánscrito) que animan las siete tierras primordiales (*Aqtabs* o *Dwipas* en árabe y sánscrito, expresión de los siete continentes Europa, África, América, Asia, Oceanía, Ártico y Antártico), bañadas por el río del Paraíso o *Paradhesa*, en este caso, el río Tajo.

HERMES TRIMEGISTO Y LA HERMÉTICA: ATRAER SOBRE LA TIERRA LAS ENERGÍAS CELESTES PARA REPRODUCIR AQUÍ EL ORDEN CÓSMICO

Hermes Trimegisto o *Trimegistus*, que en griego significa «Hermes, el tres veces grande», es el nombre que dieron los neoplatónicos, los alquimistas y el hermetismo al dios egipcio Tot y al dios heleno Hermes. En el Antiguo Testamento se le identifica con el patriarca Enoc. Todos son considerados, en sus respectivas culturas, los creadores de la escritura fonética, de la magia teúrgica y del profetismo mesiánico.

Tot, estaba relacionado con los ciclos lunares cuyas fases reflejan la harmonía del universo. Los escritos egipcios se referían a él como «el dos veces grande» ya que era el dios del Verbo y de la Sabiduría. En el ambiente sincrético del Imperio Romano, el dios heleno *Hermes* recibió el apelativo del dios egipcio Tot pero esta vez «tres veces grande» [*trimegisto*] por el Verbo, la Sabiduría y por su papel como Mensajero de todos los dioses del Eliseo o del Olimpo. Los romanos lo asociaron con Mercurio, el planeta mediador entre la Tierra y el Sol, una figura que los judíos cabalísticos denominaron *Metraton* [véase pág. 181] «medida perpendicular entre la Tierra y el Sol».

En el Egipto helenístico, Hermes era el «escriba y mensajero de los dioses» y se le consideraba autor de un conjunto de textos sagrados -conocidos como *Hermética*-, que contenían enseñanzas relacionadas con el arte, la ciencia, la religión y la filosofía -el *Corpus Hermeticum*- cuyo objetivo era la deificación de la Humanidad a través del conocimiento de Dios. Estos textos, probablemente escritos por un grupo de personas que constituían la *Escuela Hermética* del Antiguo Egipto, expresan de este modo el saber acumulado a lo largo del tiempo atribuyéndolo al dios de la Sabiduría, absolutamente similar al dios *Ganesh* del panteón hindú.

El *Corpus hermeticum*, probablemente escrito entre los siglos II y III d. C., fue la fuente de inspiración del pensamiento hermético y neoplatónico del Renacimiento. Aunque el erudito suizo Casaubon aparentemente demostró lo contrario en el siglo XVII, se mantuvo la creencia de que el texto remontaba a la Antigüedad egipcia anterior a Moisés y que anunciaba el advenimiento del cristianismo.

Según Clemente de Alejandría, estaba formado por 42 libros divididos en seis conjuntos. El primero trataba de la educación de los sacerdotes; el segundo, de los ritos del templo; el tercero, de la geología, geografía, botánica y agricultura; el cuarto, de la astronomía y astrología, de las matemáticas y arquitectura; el quinto

contenía los himnos a la gloria de los dioses y una guía de acción política para los reyes; el sexto era un texto médico.
Existe una creencia generalizada según la cual *Hermes Trimegisto* inventó un juego de cartas lleno de símbolos esotéricos, cuyas 22 primeras cartas estaban hechas de láminas de oro, y las 56 restantes, de láminas de plata. Es el Tarot o *Libro de Tot*. Se le atribuye también a Hermes la redacción del *Libro de los Muertos* o *Libro para salir a la luz del día*, así como el famoso texto alquímico *La tabla de esmeralda*, que ha influido mucho en la alquimia y la magia practicadas en la Europa medieval.
En la Europa medieval, sobre todo entre los siglos V y XIV, el Hermetismo fue también una Escuela Hermenéutica que interpretaba algunos poemas de la Antigüedad, así como diversas obras de arte y mitos enigmáticos, tales como tratados alegóricos de alquimia o ciencia hermética. Es por esta razón que, aún hoy, la palabra *hermetismo* señala el carácter esotérico de un texto, de una obra, de una palabra, de una acción, es decir, que poseen un significado oculto que exige hermenéutica, la ciencia filosófica que interpreta correctamente el significado oculto del objeto presentado.
Los principios herméticos fueron adoptados y aplicados por los *Colegium Fabrorum* romanos, asociaciones de arquitectos de construcciones civiles, militares y religiosas. En el siglo XII, estos conocimientos fueron transmitidos a los *Monjes Constructores* cristianos, edificadores de los grandes monumentos románicos y góticos de Europa, que realizaban sus obras siguiendo los principios de la Arquitectura Sagrada, conforme al modelo de la Geometría Sagrada. Es un legado directo de los conjuntos tres y cuatro del *Corpus Hermeticum* según los cuales las ciudades y los edificios están construidos tomando en cuenta los planetas y determinadas constelaciones para que el orden reinante en el Cielo se reproduzca sobre la Tierra, favoreciendo así las energías cósmicas o siderales. Todo ello con el objetivo de cumplir el principio hermético según el cual «como arriba es abajo, como abajo es arriba».
Durante el Renacimiento europeo (siglos XVI y XVII) el Humanismo sustituyó al Hermetismo. Se racionalizaron las formas y se ignoró lo transcendental; era el final de la sociedad tradicional y el comienzo de la sociedad profana, barroca y pre-modernista. Se abría camino a la llegada del materialismo y del ateísmo que dominan el mundo moderno.
Sin embargo, hay excepciones a la regla que predomina en Europa: en el siglo XVI, en Portugal, los *Maestros Edificadores*, herederos de los *Monjes Constructores*, fundaron así el estilo manuelino (véase pág. 176) que sigue las reglas herméticas de la Arquitectura Sagrada.
La influencia de estos *Constructores Libres* se mantuvo hasta el siglo XVIII y su gran obra fue la restauración de Lisboa tras el terremoto de 1755. Es por esto que la Lisboa del marqués de Pombal está trazada y construida según las medidas geométricas y arquitectónicas de la Tradición que legó *Hermes Trimegisto*.

LOS SÍMBOLOS DE LA ESTATUA ECUESTRE DEL REY DON JOSÉ I

2

Praça do Comércio
• Metro: Terreiro do Paço

La Praça do Comércio y el convento de Mafra, ¿en el centro de las teorías del Quinto Imperio lusitano?

La estatua ecuestre del rey D. José I (1714-1777) está en el centro del Terreiro do Paço y se inauguró el día de su cumpleaños (6 de junio de 1775). La ubicación de esta estatua -obra de Machado de Castro y fundida por Bartolomeu da Costa- fue impuesta por el proyecto de Eugénio dos Santos: ocupa el centro geométrico de un triángulo equilátero cuyos vértices se encuentran en el eje del arco de la *rua Augusta* y en los ejes de los portales laterales de las dos torres que rematan el lado abierto de la plaza. Es interesante observar que sobreponiendo el plano del convento de Mafra sobre el del Terreiro do Paço, el altar mayor y la estatua del emperador lusitano se encuentran exactamente en el mismo lugar, y las dos grandes torres del convento están en la misma latitud que las de la plaza.

De este modo, algunos concluyen que las proporciones de ambos espacios son iguales e incluso se completan, con intención de situar aquí la capital temporal del mundo y, siete leguas más lejos, en Mafra, la capital espiritual, según la concepción de la ideología iluminada del Quinto Imperio Universal de Lusitania (véase pág. 70). Todo lo que aquí se ve está relacionado con el tema de la *traslatio imperii*, particularmente bien señalado en el notable bajorrelieve de la parte trasera del pedestal de la estatua, donde un niño coronado junto a su madre, recibe de la Roma aniquilada las armas de Lisboa. A los pies del Niño, un dignatario ofrece un arca abierta que contiene un tesoro, mientras que un arquitecto enseña a la Virgen el plano de la nueva Lisboa.

En la cúspide del monumento está D. José I, vestido a la romana con la capa de la Orden de Cristo, empuñando el cetro imperial y montado sobre un caballo que pisotea a las serpientes (*ofiússas*), iconología clásica de San Jorge de quien el monarca era devoto, asumiendo así el papel del Rey Sacerdote de Dios (véase pág. 70), el cual, según dicen, gobernará desde Lisboa el Quinto Imperio del Mundo. Esto explica que su rostro mire hacia el estuario del Tajo, hacia los continentes lejanos. Debajo, a los lados, el Triunfo (caballo) y la Fama (elefante) simbolizan Occidente y Oriente, la Fama (antiguo ciclo) transfiriendo sus verdaderos valores al Triunfo (nuevo ciclo). De hecho, el ángel con la trompeta que está cerca del elefante y el ángel con la palma junto al caballo, dominando ambos al viejo hombre que refleja el estado profano, simbolizan las tradiciones espirituales de Oriente y Occidente unidas a Lisboa.

EL MECANISMO DEL RELOJ DE LA RUA AUGUSTA

3

Rue Augusta
• Visita previa cita, llamando al 351 808 203 232 o escribiendo a itinerarios.tematicos@cm-lisboa.pt, ante los servicios culturales del ayuntamiento de Lisboa
• Tranvía: nº 28

El extraño reloj del Arco de la Rua Augusta

Subiendo los casi 80 peldaños de una escalera de caracol, dentro del Arco de la Rua Augusta, durante una visita con previa reserva, se descubre una sala donde el único sonido perceptible es el tictac rítmico de un reloj de pared. La lámpara de araña con piezas de bronce, acero y hierro fundido, así como la pintura, verde y roja, son el resultado de la restauración realizada en 2007 por Luís Manuel Cousinha, el nieto del fabricante del mecanismo.

La empresa Boa Reguladora – Fábrica de Relógios Monumentais, creada en Almada en 1930 por Manuel Francisco Cousinha, fabricó el reloj. Éste es de 1941, época en que no existían los mecanismos automáticos y algunos trabajadores debían ajustar el reloj varias veces por semana. Más tarde, Manuel Francisco Cousinha, apodado el pequeño ingeniero, inventó un mecanismo automático de mercurio. Pero por razones presupuestarias y climatológicas como la humedad del lugar, el reloj se estropeó con el paso del tiempo y, aparte de las averías constantes, se adelantaba o por el contrario se retrasaba permanentemente. Cuando lo restauraron en 2007, hubo que volver a fabricar la rueda más grande, que tiene 15 dientes y 30 centímetros de diámetro. En aquella ocasión la refundieron por completo. También corrigieron algunos defectos de reparación y modificaron el sistema de transmisión de las agujas.

No es el único reloj que hay en la sala. Hay otro que data del siglo XIX y también está en proceso de restauración.

Este reloj, procedente del Convento de Jesús, hoy Academia de las Ciencias, es obra de Augusto Justiniano de Araújo (Valença, 1843 – Lisboa, 1908), gran relojero portugués, fundador de la Escuela de Relojería de la Casa Pia.

El propio relojero confirmó esta información en la revista que fundó a finales del siglo XIX, *Cosmocronómetro*.

FERNANDO PESSOA: «SI TÚ ERES MASÓN, YO SOY MÁS QUE ESO - SOY TEMPLARIO»

No hay indicio alguno que permita afirmar que el poeta y ensayista Fernando António Nogueira Pessoa (Lisboa, 13 de junio de 1888 - Lisboa, 30 de noviembre de 1935) haya pertenecido a la masonería, a pesar de que en la actualidad varias facciones de esta institución reivindican a este poeta-profeta. El interés de Fernando Pessoa por el ocultismo despertó desde muy temprano, llegando a ser intenso entre 1910 y 1920 por su permanente ansia de conocer más sobre los misterios de la vida: se interesó por el espiritismo y la teosofía desde 1912 y, a partir de 1915, tradujo libros teosóficos del inglés al portugués. Apasionado por la astrología, en enero de 1916 se estableció como astrólogo en Lisboa, bajo el seudónimo de Rafael Baldaya, realizando más de mil horóscopos. Durante este periodo, mantuvo correspondencia con el famoso ocultista inglés Aleister Crowley quien le visitó en Lisboa el 2 de septiembre de 1930.

La insaciable sed de saber de Pessoa y su profundo conocimiento del ocultismo le llevó a formar un tipo de pensamiento peculiar basado en su noción de portugalidad espiritual, prediciendo el advenimiento del Quinto Imperio Lusitano (véase pág. 56).

Durante el ascenso al poder de Antonio Salazar y el establecimiento del *Estado Novo* en 1933, Fernando Pessoa se declaró contrario a Salazar, sobre todo a partir del momento en que sus ensayos y poemas empezaron a ser censurados. Fue entonces cuando escribió una serie de poemas antisalazaristas, y siendo Salazar defensor de las antiguas dictaduras romanas decidió abolir todas las órdenes iniciáticas y los movimientos espirituales en Portugal. Cuando se presentó ante el Parlamento el proyecto de ley del diputado José Cabral, que prohibía las asociaciones secretas, en particular, la masonería portuguesa, Fernando Pessoa se opuso públicamente al mismo, en un magistral artículo en el Diario de Lisboa del 4 de febrero de 1935, defendiendo la libertad religiosa y el *Espíritu Tradicional* que caracteriza a la masonería. Declaró: «*No soy masón, ni pertenezco a cualquier otra orden, similar o diferente. Pero tampoco soy antimasón, pero lo poco que sé del asunto me lleva a tener una idea absolutamente favorable de la Orden Masónica*».

Es por este artículo por el que hoy se asocia a Fernando Pessoa con la masonería. Incluso hay logias que llevan su nombre, sin que haya sido adepto a ellas: era únicamente un ferviente defensor de la libertad de expresión y del culto religioso, ya fuera masón o de cualquier otra asociación. Finalmente en su *Carta de Identidad*, escrita en Lisboa el 30 de marzo de 1935, Fernando Pessoa revela abiertamente su posición espiritual:

«*Opinión religiosa: cristiano agnóstico, por tanto opuesto a todas las iglesias organizadas y sobre todo a la Iglesia de Roma. Fiel (...) a la Tradición Secreta de Israel (la Santa Kaballah) y a la esencia oculta de la masonería.*

Posición iniciática: iniciado, por comunicación directa del Maestro con el Discípulo, a los tres grados menores de la (aparentemente extinguida) Orden del Templo de Portugal».

Finalmente, Fernando Pessoa volvería a reiterar en su poema *São João* del 9 de junio de 1935: «*Si tú eres masón, yo soy más que eso - soy Templario*».

LA MESA DE FERNANDO PESSOA

4

Café-restaurante *Martinho da Arcada*
Praça do Comércio, 3

- Horario: de lunes a sábado de 7 a 23 h
- Metro: Terreiro do Paço

«Ahí donde Pessoa soñaba con el «Quinto Imperio»

El café-restaurante *Martinho da Arcada* quedará para siempre unido a la memoria de Fernando Pessoa, quien escribió aquí la mayoría de sus poemas, como los que componen el único libro que publicó en vida, *Mensagem*.

En un discreto rincón, entre un café, un aguardiente y un cigarrillo, evocando a Bandarra y a Antonio Vieira, soñando con el rey encubierto y el Quinto Imperio, Pessoa intentó desvelar y anunciar con certeza el principal destino de Portugal (véase pág. 62).

Para rendir homenaje al mayor defensor contemporáneo de la lengua portuguesa, el gerente del *Martinho da Arcada* mantiene vivo su recuerdo conservando la mesa y la silla donde acostumbraba a sentarse. El lugar está repleto de fotografías, recuerdos y autógrafos del autor. Hoy, es un lugar obligado para las reuniones literarias de especialistas y admiradores de Pessoa. Algunos, y no precisamente pocos, se han impregnado tanto del personaje que incluso han adoptado sus tics.

VIRTVTIBVS
MAIORVM
VT. SIT. OMNIBVS. DOCVMENTO. P. P. D.

LOS SÍMBOLOS DEL ARCO DE TRIUNFO DE LISBOA 5

• Metro: Terreiro do Paço

¿Los Rosacruces, inspiradores del mapa de Lisboa y de Washington?

Aunque varias ciudades europeas (París, Roma, etc.) poseen su propio Arco de Triunfo, expresión del Imperio temporal, el de Lisboa remite especialmente al concepto de Imperio Espiritual, dando a entender que fue construido para que un día, según la tradición del Quinto Imperio (véase pág. 64), el Emperador Universal Encubierto, que inaugurará una Nueva Edad del Mundo desde Lisboa, pasara por él. Desde este punto de vista místico y sagrado, este arco de triunfo representa la puerta simbólica y decisiva hacia el último *traslatio imperii* de la Humanidad.

Simbólicamente, el arco es el Umbral de los Misterios, el paso desde las tinieblas de la ignorancia hacia la luz de la sabiduría que la Lisboa mística esconde. Anuncia la Resurrección Espiritual, señalada por la cruz de San Andrés y la rosa del rey encubierto que se encuentra en su centro, visible en la cima interna del arco. Su fachada posterior, del lado de la *rua Augusta*, presenta un enorme reloj que marca fatalmente el tiempo que falta para el advenimiento del Quinto Imperio.

La Rosa Cruz de San Andrés representa a los *Constructores Libres* de la época del marqués de Pombal, que reconstruyeron la nueva Lisboa tras el terremoto de 1755, inspirados por la mística de los antiguos Rosacruces, adeptos del cristianismo primitivo. Aparecieron en Portugal hacia 1700, ocultos tras la piedad franciscana del convento del Espírito Santo de Mafra, donde residieron, y fueron revelados, a partir de 1717 por la *Casa Real dos Maçons Lusitanos* (la Casa Real de los Masones Lusitanos). Reconstruida Lisboa, estos adeptos místicos desaparecieron de los anales históricos portugueses. Hay quien afirma que se marcharon para fundar la ciudad de Washington, Estados Unidos, cuyo esbozo se inspira, en grandes líneas, del de Lisboa. El Arco de Triunfo de la *rua Augusta* es una obra monumental, concebida por la arquitectura de la época pombalina. Fue objeto de concurso en 1843, bajo el gobierno de Costa Cabral, y se inició en 1862 terminándose sólo en 1873, gracias al proyecto de Veríssimo José da Costa, tras intervenir Vítor Bastos y el francés A. C. Camels. La escultura de Camels, en la cima del monumento, representa la Lusitania Gloriosa, como Abuela Universal, glorificando a Apolo y a Minerva (la Iluminación y la Comprensión), o incluso la «Gloria coronando el Genio y el Valor».

TRANSFERENCIA IMPERIAL - TRANSLATIO IMPERII

La expresión latina *Translatio Imperii* significa tanto «transferencia imperial» como «transferencia de poder». Es un concepto creado en la Europa medieval para describir la Historia como un fenómeno lineal: una sucesión de transferencias de poder, marcadas por ciclos claramente definidos, de un gobernante supremo -*imperador*- al siguiente, que dirigirá el respectivo *imperio*.

Varios autores describen a menudo la *Translatio Imperii* como una sucesión que terminaba con el poder supremo en manos del monarca o emperador de la región donde residía el cronista, el cual establecía el origen espiritual y temporal de su país hasta afirmar su poder imperial, incorporando las culturas anteriores que habían contribuido a la formación de sus características religiosas, culturales y sociales. Por ejemplo:

Otto de Freising (que vivió en lo que hoy es Alemania entre 1114 y 1158): Roma → Bizancio → Francos → Lombardos → Germánicos (el *Sacro Imperio Germánico*).

Chrétien de Troyes (que vivió en la Francia medieval entre 1135 y 1190): Grecia → Roma→ Francia (el *Imperio Franco*).

Richard de Bury (Inglaterra 1287-1345): Atenas → Roma → París → Londres (el *Imperio Franco-bretón*).

Los autores de la Edad Media y del Renacimiento legitimaban esta transferencia de poderes por medio del vínculo existente entre una Casa reinante y un dios o un héroe de la Antigüedad griega o romana, siguiendo el ejemplo de *Virgilio* que se sirvió de *Eneas* (un héroe troyano) como fundador mítico de la ciudad de Roma en la *Eneida*. Siguiendo la misma tradición, en el siglo XII, los autores anglonormandos Geoffrey de Monmouth (en *Historia Regnum Britanniae*) y Wace (en *Brut*) vincularon la fundación de Gran Bretaña a la llegada de *Brutus* de Troya, hijo de *Eneas*. Del mismo modo, el autor francés del Renacimiento Jean Lemaire de Belges (en *Las ilustraciones de las Galias y Singularidad de Troya*), relacionó la fundación de la Galia céltica con la llegada del troyano *Francus*, hijo de *Héctor*, y la de la Germania céltica con la llegada de *Bavo*, primo de *Príamo*. De este modo, se estableció una genealogía ilustre para *Pepín* y *Carlomagno* (la leyenda de *Francus* fue la base del poema épico de *La Franciada* de Ronsard).

El origen erudito de la *Translatio Imperii* lusitana se encuentra en el cisterciense Joaquín de Fiore [véase pág. 170], nacido en Calabria [Italia] hacia 1132. En su obra *Liber Figurarum*, divide el mundo en tres Edades Universales: la del Padre, la del Hijo y la del Espíritu Santo. La primera [pasado] se sitúa en Jerusalén, la segunda [presente] en Roma y la tercera [futuro] en Lisboa. Joaquín de Fiore se inspiró para ello en los textos del profeta Daniel en el Antiguo Testamento en los que Daniel interpreta el sueño de una estatua del rey Nabucodonosor como una visión anticipada del Paraíso Terrestre.

Con respecto a la Misión de Portugal, varios autores adaptaron el siguiente versículo de los *Hechos de los Apóstoles*: «*Te he establecido como Luz [Lux] de los Naciones [Citânia], con el fin de que lleves la Salvación hasta los confines de la Tierra*» [XIII, 47].

Luis de Camões [1524-1580], gran conocedor del tema, vaticinó sobre el mismo en la obra *Los Lusiadas*, VI, 7 [según la traducción de J.B.J. Millié, revisada, corregida y anotada por M. Dubeux, de 1841]: «*Ve que está todo el cielo preparado / A convertir Lisboa en nueva Roma / Y no puede impedir lo que acordado / Fue por el que fatal todo lo doma*».

Siguiendo el mismo principio, la idea de trasladar el significado sagrado de las siete colinas de Jerusalén y de Roma a Lisboa [véase pág. 61], según la trayectoria del Sol de Oriente a Occidente, quedó plasmada de forma erudita por los autores portugueses del siglo XVII, como Fray Nicolau de Oliveira, que sobrepusieron la grandeza de Lisboa sobre la de Roma.

Finalmente las tres edades del Mundo según Joaquín de Fiore, fueron reformuladas por el Padre Antonio Vieira [1608-1697] [véase pág. 64] que proclamó cinco edades, siendo la última la del Quinto Imperio portugués, siendo Lisboa la cuna del futuro Quinto Imperio de la Humanidad, espiritual y temporal a la vez. Los imperios anteriores fueron el asirio, el persa, el griego, el romano, siendo el portugués el último de todos. El primer imperio, el asirio, fue dirigido por el Padre; el segundo, el persa, por el Padre y el Hijo; el tercero, el griego, por el Hijo; el cuarto, el romano, por el Hijo y el Espíritu Santo; y el quinto, el lusitano, será dirigido por el Espíritu Santo, simbolizado por el regreso de Don Sebastián [véase pág. 105], una representación alegórica del verdadero Rey y Sacerdote de Dios que es Cristo, que tendrá como peana de la Parusía [regreso del Señor] a Lusitania [«Tierra de Luz»].

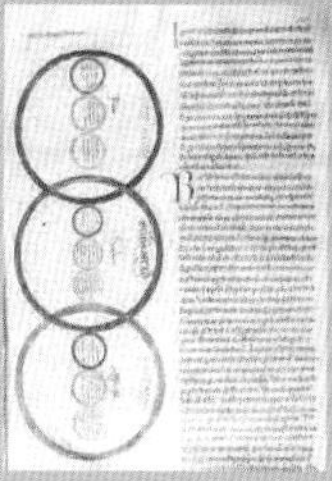

Perfectamente idéntico al obelisco egipcio de la fuente de la Piazza Navona de Roma, el obelisco-fuente das Necessidades, en el Largo do Rilvas, recuerda el principio de la *Translatio Imperii* de Roma a Lisboa, que llegaría, según la historia mítica, a partir de 2005 en adelante, correspondiendo con la era astrológica de Acuario y con el inicio de un nuevo ciclo de progreso para la humanidad.

EL PADRE ANTONIO VIEIRA Y EL QUINTO IMPERIO

El padre Antonio Vieira nació en Lisboa el 6 de febrero de 1608, en una familia de origen humilde, en rua do Cónego, cerca de la Sé (hay una placa conmemorativa en la entrada de la casa). Fue el primogénito de los cuatro hijos que tuvieron Cristovão Vieira Ravasco, oriundo del Alentejo y cuya madre era hija de una mulata africana, y Maria de Azevedo, lisboeta. Cristovão servía en la Marina portuguesa y durante dos años fue escriba de la Inquisición. En 1609, se fue solo a Brasil para asumir las funciones de escriba en Salvador de Bahía, reuniéndose la familia con él un poco más tarde.

Antonio Vieira llegó a Bahía a los seis años y estudió en Salvador en el colegio de los jesuitas. Al principio no fue un buen estudiante pero «gracias a la intervención de Nuestra Señora», se volvió el más brillante de todos. La leyenda cuenta que un día se escapó de la escuela y un ángel se le apareció para indicarle el camino de vuelta. En mayo de 1623 ingresó como novicio en la Compañía de Jesús y al ver que tenía dificultades para aprender los conocimientos necesarios, con lágrimas en los ojos rezó a la Virgen María para que iluminase su espíritu. Súbitamente sintió un estallido en la cabeza y se desmayó. Cuando volvió en sí, se vio dotado de una increíble inteligencia convirtiéndose así en una personalidad que marcó su época.

Antonio Vieira es sin lugar a dudas uno de los personajes más influyentes del siglo XVII en Portugal y Brasil. Religioso con una espiritualidad singular, escritor iluminado y orador apasionado, fue también un gran humanista defensor de los derechos de los oprimidos. En política, destacó como misionero en Brasil donde defendió infatigablemente los derechos de los indígenas, combatiendo la explotación y la esclavización. De hecho, ellos le llamaban *Paiaçu* (Padre Grande en Tupi).

Manteniendo su ética humanista en Portugal, Antonio Vieira defendió también a los judíos, trabajando por la abolición de la distinción entre los cristianos nuevos (judíos conversos perseguidos por la Inquisición) y los cristiano viejos (católicos tradicionales), así como por la abolición de la esclavitud. Criticó severamente a muchos sacerdotes de su época y a la propia Inquisición.

Muy pronto se unió al sebastianismo y entró de nuevo en conflicto con la Inquisición que lo acusó de hereje por una carta que escribió al obispo de Japón en 1659 sobre su teoría del Quinto Imperio y la futura supremacía imperial de Portugal. Fue expulsado de Lisboa, desterrado y encarcelado en Oporto, y más tarde en Coímbra. En 1667 fue recluido y condenado a no poder predicar, pero seis meses después la pena fue anulada.

Regresó a Brasil en 1681, recopiló sus escritos y preparó la edición integral de sus 16 volúmenes de *Sermones* y acabó la *Clavis Prophetarum*, la llave de las profecías expuestas a lo largo de su obra, en particular en su *História do futuro* (Historia del Futuro), obra en la que presenta cinco edades del mundo, Lusitania siendo el elemento preponderante de la última. Publicó

más de 500 cartas en 3 volúmenes. En la literatura sus *Sermones* son considerados de una importancia capital para el periodo barroco portugués y brasileño y su lectura es a menudo obligatoria en la universidad.
En 1694, viejo y enfermo, ya no era capaz de escribir. El 10 de junio empezó a agonizar y poco a poco fue perdiendo la voz. El 18 de julio de 1697, con 89 años, falleció en el colegio de Jesús, en Salvador de Bahía.

¿PORTUGAL: «CABEZA» DEL «CUERPO» DE EUROPA?

La idea de considerar *Europa* como un «cuerpo» viene de una carta del siglo XIV [1335-37] de Opicinus de Canistris, de quien se conocen por lo menos tres versiones diferentes. Más tarde, el franciscano de Basilea, Sebastian Münster, inspirado en esta carta medieval, publicó una parecida en 1544 en su *Cosmographia*. En 1581, su colega y compatriota, Heinrich Bünting, la publicó en su obra principal *Itinerarium Sacrae Scripturae* con algunas añadiduras e incluyendo las correcciones que hizo el humanista portugués Damião de Góis a la obra de Münster en su *Pro Hispaniae Defensio*. En el siglo XVII [1624], Julião de Castro, en *Historia de los Godos*, convierte Europa en una mujer, con España como cabeza y Portugal como corona, lo que suscitaría, en 1631, el siguiente comentario de António de Sousa Macedo en *Flores de España, Excelencias de Portugal*: «*(...) lo que honra a Portugal, porque si bien hay cabezas que honran ciertas coronas, en general son las coronas las que honran las cabezas*».

En este concepto, utilizado por Fernando Pessoa en su poema *O dos castelos* [Los castillos] en su libro *Mensagem*, y por el propio Camões en Canto III, estrofa 17 y 20 en *Os Lusíadas [Los Lusiadas]*, la península ibérica es pues la *cabeza* de Europa, y la península itálica (en forma de bota) los *pies* de Europa. La *cabeza*, que coordina, y los *pies* de Europa casi se tocan mientras que los *brazos* están echados hacia atrás, como si se preparasen para lanzarse a las aguas del Atlántico con el *rostro* portugués mirando fijamente a América. El resto de naciones europeas corresponden a cada uno de los demás órganos.

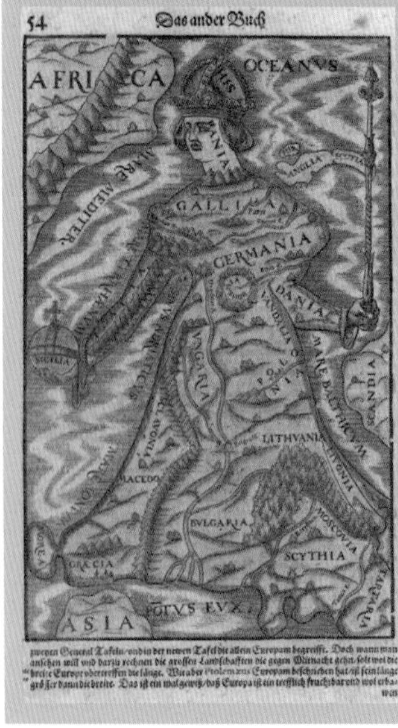

Todas las versiones cartográficas antiguas son unánimes al colocar Portugal a la cabeza de Europa. Sin embargo, a veces, difieren en cuanto a los otros países, aunque la posición comúnmente admitida es la siguiente: los *pies* y las *piernas* están en la península itálica mientras que la *zona genital* está en los Balcanes. La *base de la columna vertebral* está situada ahí, relacionada con el Este de Europa, la zona de Europa de donde proviene la Energía Creadora que los orientales llaman *Kundalinî*. Austria y Hungría son el *plexo solar*, la zona del *ombligo*, de los *intestinos*, también relacionada con el Este. Los *pulmones* están relacionados con Suiza, Europa Central, que es la zona

de circulación fiduciaria (dinero, capital) que hace funcionar toda la organización social; el *corazón* está en Francia y en Luxemburgo (para los etimólogos *Lusitania* y *Luxemburgo* significan lo mismo, *lugar de luz*, llegando desde Luxemburgo los fundadores del Condado Portugalense) donde todas las doctrinas se funden armoniosamente. Los *brazos* están en la zona industrial de Europa, en el Norte: Alemania, Países Bajos, Inglaterra y Escandinavia, que representan a la Europa trabajadora. La *cabeza* es la zona que va de los Pirineos al extremo occidental de la península ibérica, siendo Portugal (incluyendo Galicia) el *rostro* y la *frente* coronada de toda Europa. De esto se concluye que Portugal rige mental y espiritualmente a Europa, y ésta, para mayor armonía de todo y de todos, debería sostener la cultura que es el Espíritu de Portugal y seguirlo.
Además es sabido que en el cuerpo humano el cerebro domina los órganos inferiores, aunque éstos pueden afectar su funcionamiento, y que cuando el cerebro muere, todo el organismo se apaga.

RU
DE
SÃO NIC

EL ÁGUILA FLAMÍGERA DE SAN NICOLÁS 6

En la esquina de las calles Augusta y São Nicolau

> ***Un símbolo del renacimiento de la ciudad tras el seismo de 1755***

En la esquina de la calle Augusta con São Nicolau, la insólita figura de un águila en medio de las llamas suele pasar desapercibida. Este altorrelieve es probablemente obra del escultor Joaquim Machado de Castro o de su ayudante Francisco Leal Garcia, ya que ambos participaron en las obras escultóricas de Baixa Pombalina tras el seísmo de 1755. Tal y como el fénix renace de sus cenizas, según el mito, el águila lisboeta (en la Antigüedad Portugal estaba representado por el águila, a su vez emblema imperial de Lisboa) también renace de las llamas destructoras provocadas por el terrible terremoto de 1755.

EL ÁGUILA: LA ÚNICA AVE QUE PUEDE MIRAR AL SOL DE FRENTE POR TENER DOBLE PÁRPADO

En las culturas griegas y persas, el águila, única ave que puede mirar al sol de frente por tener doble párpado, estaba consagrada al Sol y a Júpiter. Con el nombre de *Ah*, los egipcios la consagraron al dios *Horus*, y por extensión a *Osiris*, y los coptos la veneraron bajo el nombre de *Aham*. Los griegos la consideraban el emblema sagrado del *Zeus* y los druidas, el *Dios Supremo*. Los bestiarios medievales comparan el águila con el Padre de la Humanidad, *Adam*, porque éste, originariamente, vivía cerca de Dios. Este símbolo ha perdurado hasta hoy desde que (siguiendo el ejemplo del romano Marius que, en el siglo II a. de Cristo, usaba el águila de dos cabezas como insignia de la Roma imperial) las cabezas coronadas de Europa tomaran la reina de los aires con dos cabezas como símbolo para sí mismas y sus descendientes. Emblema imperial, el águila bicéfala también fue la insignia de las casas reales de Rusia, Polonia, Austria y Alemania. Sin embargo, Júpiter se conformaba con un águila con una sola cabeza, al igual que el Sol flamígero, como la de la rua Augusta, que simboliza la unidad indivisible del Espíritu representado en Cristo, cuya Ascensión se simboliza a veces con un águila, ya que vuela muy alto y mira al Sol de frente, al igual que el Hijo mira a Dios Padre Eterno.

LA FACHADA *ART NOUVEAU* DEL CINEMATÓGRAFO DEL ROSSIO

7

Rua dos Sapateiros nº 229

«Un vestigio de las primeras «proyecciones luminosas con luz Drummond»

L'*Animatógrafo do Rossio* (cinematógrafo del Rossio) es el último superviviente de la gran epopeya del nacimiento del cine en Portugal.

Situado en la rua dos Sapateiros (calle de los Zapateros), cerca del Arco do Bandeira (Arco de la Bandera) que da paso a la Praça do Rossio, este cinematógrafo abrió sus puertas el 8 de diciembre de 1907. A pesar de ser pequeña, la sala tenía una capacidad para más de 100 plazas. Al principio esta sala, muy céntrica, se llamaba *Rossio Palace* donde además de proyectar películas también se representaban obras de teatro infantil. Tanto la escena como el espacio interior, estaban decorados en un estilo *art nouveau*, con balaustradas y pequeñas puertas en hierro forjado que separaban la platea de la parte delantera de la escena.

Cuentan que la Compañía Teatral Infantil «Tim-Tim por Tim-Tim», apadrinada por el barón Enrique Álvaro Antunes da Silva Neves, terminó por disolverse en Lisboa tras una última representación en el *Rossio Palace* a pesar de haber cosechado un sonado éxito en el hoy desaparecido Teatro São João de San Salvador de Bahía, Brasil, a finales del siglo XIX principios del siglo XX.

Hoy sala de películas pornográficas, el cine conserva algunas huellas de su fasto y esplendoroso pasado en la fachada principal sobre la que destacan la decoración *art nouveau* y dos cuadros de azulejos policromados firmados «M. Queriol, 1907», realizados en colaboración con Jorge Pinto en sus talleres de Ajuda.

Las primeras «proyecciones luminosas con luz Drummond» -las primeras sesiones de cine- tuvieron lugar en Lisboa el 10 de diciembre de 1894, en la planta noble de los Grandes Almacenes de Chiado, inaugurados pocas semanas antes.

CABELEIRAS
15CM MORENAS
CABELEIRAS
20CM MORENAS
CABELEIRAS
55CM LOIRAS
CABELEIRAS
25CM MORENAS
CABELEIRAS
55CM MORENAS
CABELEIRAS
35CM MORENAS
CABELEIRAS
40CM MORENAS

EL HOSPITAL DE MUÑECAS

8

Praça da Figueira, nº 7
• Entrada gratuita

El hospital de muñecas más antiguo de Europa

Desde 1830 existe un *Hospital das Bonecas* (Hospital de Muñecas) en el nº 7 de la Praça da Figueira, en plena Baixa lisboeta. Es único en su género y el más antiguo de Europa; el de Madrid y el de Londres sólo restauran muñecas de valor, y el de Nueva York es mucho más reciente e incompleto. Desde hace casi 180 años, este hospital recupera los sueños de los más pequeños, los recuerdos de los más ancianos y la memoria de todos.

Cuando es necesario recuperar los sueños, los más pequeños, sus padres y abuelos acuden al *Hospital das Bonecas*, por donde pasan todo tipo de muñecas «enfermas» o estropeadas que trastocan los sueños de sus propietarios, sobre todo los de los niños. Todas son tratadas con sumo cariño, desde las antiguas muñecas de cartón fabricadas en Portugal hasta los años sesenta, hasta las *barbies* y los muñequitos de los *Happy Meal* de McDonald's.

Los sistemas de hospitalización y el tratamiento son como en todos los hospitales: desde su ingreso, en la taquilla de la tienda se rellena una ficha con un número de cama que permite identificar al paciente. A continuación, se colocan la muñeca en una camilla, llamada *tinoni*, y se sube por la escalera hasta la planta del taller. Cada sala tiene un nombre que indica el tratamiento que se va a dar. Primero está la sala de cirugía plástica, donde se restauran, pintan y peinan a las muñecas. Al lado está la sala de los politraumatizados, para las muñecas víctimas de juegos un tanto violentos. Al fondo, la sala de los trasplantes, llena de piernas, brazos, cabezas de todas las tallas y estilos, y, a su lado, la morgue, donde los médicos de las muñecas, a veces, recuperan piezas para trasplantes. Y finalmente, la sala de los residentes, para aquellas muñecas que han sido abandonadas por sus propietarios...

Cuando las muñecas dejan de servir por estar irremediablemente estropeadas, algunas de ellas pueden seguir siendo útiles: artistas plásticos utilizan algunas piezas, o incluso, como ha llegado a ocurrir, el Hospital da Estefânia, especializado en niños, ha utilizado piezas de estas muñecas para fabricar prótesis infantiles.

EL MEDALLÓN DE LAS DOS MANOS UNIDAS 9

Esquina de la rua do Amparo
• Metro: Rossio

Una unión fraternal masónica

A pocos metros de la plaza del Rossio y de la plaza da Figueira (de la Higuera), en la esquina de la rua Amparo, sobre la fachada del edificio un discreto medallón muestra dos manos unidas. Típico símbolo masónico que aquí significa «en amparo o ayuda entre ambas plazas».

Este altorrelieve es probablemente obra del arquitecto masónico Carlos Mardel, quien construyó la plaza del Rossio convirtiéndola en el polo central y vital de la ciudad al trasladar el mercado rural que estaba aquí a la vecina plaza da Figueira. Aquí es donde se construyó el mercado central en 1755, tras nivelar los terrenos de las ruinas del hospital de Todos los Santos que ardió en 1750 y fue luego destruido por el seísmo. Este mercado central, hoy situado en un espacio cerrado de estilo *art nouveau*, recibió varios nombres sucesivamente: *Horta do hospital* (Huerto del hospital), *Praça das Ervas* (Plaza de las Hierbas) y *Praça Nova* (Plaza Nueva). En 1849 cerraron el mercado, que ya estaba cubierto, con una verja de ocho puertas. A partir de entonces la plaza se convirtió en uno de los emblemas de la Lisboa pombalina, por su novedosa construcción para la época y por su carácter de verdadero centro de abastecimiento de la Baixa. Las plazas da Figueira, del Rossio y del Comercio se convirtieron en los tres principales centros de concentración y animación de la ciudad. El espacio político o ministerial se concentró en la plaza del Comercio, convirtiéndose en el centro de la vida política del país, mientras que el espacio comercial o urbano se dispuso alrededor de la plaza del Rossio, con sus innumerables tiendas y oficinas. Finalmente la vida rural se centró en el mercado central de Figueira. De este modo, las dos manos que se juntan fraternalmente unen las dos plazas de la Baixa y representan, para el simbolismo tradicional, la unión entre el campo y la ciudad.

EL SALUDO MASÓNICO

Los masones se saludan dándose la mano de una manera muy especial: ejercen pequeñas presiones con el pulgar para indicar su rango. El aprendiz da tres toques ligeros con la punta del pulgar de su mano derecha sobre la primera falange del índice de la mano derecha del otro: dos toques rápidos y uno más espaciado. El compañero hace lo mismo, dando cinco toques con su pulgar derecho sobre la primera falange del dedo mayor derecho del otro: dos rápidos, uno más espaciado, dos rápidos. El maestre hace lo mismo con siete toques: cuatro rápidos y tres espaciados.

¿POR QUÉ EN LISBOA LLAMAN BICA AL CAFÉ EXPRESO?

Pocos lisboetas saben explicar el origen de este nombre que, sin embargo, es 100 % *alfacinha*. Una leyenda cuenta que debe su nombre al acrónimo de una inscripción que hay en el Café A Brasileira: *Beba Isto Com Açucar* (Beba esto con azúcar). Recomendación que habrían escrito tras recibir reclamaciones de clientes que consideraban que el café era demasiado amargo. Según el dueño actual del local, la palabra bica proviene efectivamente del A Brasileira, pero las cosas habrían ocurrido de otro modo a principios del siglo XX, época en que los lisboetas paseaban por el Chiado y pasaban el rato en las terrazas de los bares para ver y ser vistos. Un día, unos clientes del A Brasileira se quejaron, no por el amargor del café, sino por su falta de sabor. Las máquinas de café de alta presión no existían aún y el café de filtro se preparaba a menudo con antelación. Servido templado, había perdido su aroma al entrar en contacto con el aire. El gerente de aquella época volvió a hacer uno de los cafés que sirvió caliente en las tazas, sin pasarlo primero por una cafetera. El recipiente en cuestión tenía un tubo (bica) que dio su nombre al café que se servía.

PINTURA DEL ARRESTO DE BOCAGE

10

Café Nicola
• Horario: de 9 a 23 h
• Praça do Rossio

«Soy Bocage, vengo del Café Nicola y me voy al otro mundo... si disparas»

El *Café Nicola*, uno de los cafés literarios más antiguos de la ciudad (ya se mencionaba en 1787 en la *Gazeta de Lisboa*), luce una tela inmensa que domina toda la sala y que representa un memorable episodio satírico que vivió el poeta Bocage.

Al lado, unida al café por un gran pasillo, había una sala de billar cuya entrada se hallaba a la altura de los actuales números 22 y 23 del Rossio. Es ahí donde un día Bocage fue interpelado por un policía del intendente Pina Manique quien, arma en puño, le preguntó: ¿Quién es usted?, ¿De dónde viene?, ¿A dónde se dirige? Bocage le contestó con el cuarteto desde entonces famoso: *«Eu sou o Bocage, venho do Café Nicola e vou para o outro mundo se disparas a pistola»* (*«Soy Bocage, vengo del Café Nicola y me voy al otro mundo si disparas tu pistola»*). Tal vez desconfiaban de él por pertenecer supuestamente a la masonería, bajo el seudónimo de *Lucrecio*, entre 1795 y 1797. Sea como fuera, este anecdótico episodio quedó inmortalizado en el cuadro de Fernando Santos, autor de los otros cuadros del local.

Principal representante del movimiento literario *Arcadia Lusitana*, que fundó y divulgó, Manuel Maria Barbosa l´Hedois du Bocage (1765-1805) frecuentaba asiduamente el *Café Nicola*. Aquí fue donde maldijo a su enemigo, el ex-sacerdote Agostinho de Macedo, en una sátira sobre el propio Macedo, la *Pena de Talião*, que le dictó a un amigo. Fue también aquí donde Nuno Pato Moniz escribió el poema cómico *Agostinheida*, ridiculizando a este sacerdote famoso por su vida disoluta. En este café, Bocage declamaba sonetos improvisados y atraía una pléyade de intelectuales y hombres políticos. Incluso, después de su muerte, sus amigos siguieron frecuentando este café y organizando reuniones literarias. Uno de los empleados, José Pedro da Silva, ayudaba a los poetas en todo lo que podía: les dejaba dinero a fondo perdido para cubrir sus necesidades y hasta pagó el entierro de Bocage.

El *Café Nicola* cerró en 1834 y abrió de nuevo el 2 de octubre de 1929, adoptando a Bocage como su imagen de marca. La fachada, también de 1929, es obra de Norte júnior. Originalmente la decoración interior era neoclásica, pero en diciembre de 1935 el arquitecto Raul Tojal se encargó de la reforma dándole un ambiente modernista al café más antiguo del Rossio.

El *Café Nicola* tiene también una estatua de Bocage esculpida por Marcelino Norte d'Almeida.

LOS SECRETOS DE LA TABACARIA MÓNACO ⓫

Praça Dom Pedro IV, n° 21
• Metro y autobús: Rossio

> ***El gato, la anciana y el príncipe***

Aunque los lisboetas lo conocen bien, el estanco de la Praça Dom Pedro IV (o Praça do Rossio) conserva algunos objetos en los que pocos clientes se fijan realmente.

Sobre el largo mostrador de madera exótica, un gato de bronce del siglo XIX esconde un truco tras su apariencia inmóvil: pocos clientes saben que accionando su cola-guillotina se pueden cortar los puros.

Sobre el mismo mostrador, una anciana desdentada ataviada con un gorro de dormir sostiene una lámpara de aceite, hoy apagada, con cuya llama los fumadores encendían sus puros y sus cigarrillos.

Detrás del mostrador, hay un lavabo de piedra con las inscripciones Cintra (antigua ortografía de Sintra), Caneças y Moura, tres ciudades famosas por sus aguas de manantial. Recuerda la época en que el agua corriente no era habitual y la tabacalera también la vendía. Unos azulejos realizados especialmente por Rafael Bordalo Pinheiro, gran caricaturista popular de la época, alude a esas actividades comerciales. Los paneles de la parte inferior del muro de la izquierda representan sapos y garzas fumando, manipulando tabaco en polvo, leyendo el periódico o bebiendo agua.

Bajo el techo que representa un cielo en trampantojo pintado por António Ramalho, se ven unos cables de telégrafo con unas golondrinas emblemáticas de Bordalo Pinheiro posadas en ellos. Estos cables recuerdan la presencia de una cabina telefónica pública, antaño situada al fondo de la tienda. Los archivos de la ciudad de Lisboa conservan artículos de prensa del 1 de agosto de 1894. Cuentan la inauguración, con gran pompa, de esta insólita tienda-pasillo que habría atraído a 4000 curiosos.

EL BUSTO DEL PRÍNCIPE ALBERTO I DE MÓNACO

El príncipe Alberto I de Mónaco dio por casualidad su nombre al estanco, en uno de sus viajes a Lisboa, a principios del siglo XX. En un arranque de entusiasmo, el dueño de entonces rebautizó rápidamente su tienda. En lo alto de las estanterías, un busto de bronce del soberano da fe de la visita del príncipe.

LOS ÚLTIMOS VESTIGIOS DEL HOSPITAL DE TODOS LOS SANTOS

12

Praça do Rossio, 85
• Metro y autobús: Rossio

"Un hospital que estaba donde hoy se encuentra la Praça da Figueira

En el nº 85 de la Praça do Rossio, la imponente columna de piedra que está en el escaparate de una pequeña tienda de ropa es uno de los últimos vestigios del Hospital Real de Todos os Santos (Hospital Real de Todos los Santos), cuya construcción empezó en 1492 bajo Juan II.

El soberano filántropo quería que hubiese en el corazón de Lisboa un hospicio que proporcionase cuidados y atención médica a los más necesitados. Tras morir Juan II, el rey Manuel I prosiguió con la construcción del ambicioso edificio que terminó en 1504. Grabados y pinturas, así como un panel de azulejos (1740) expuesto en el Museu da Cidade, permiten reconstituir el centro médico más importante de Lisboa entre los siglos XVI y XVIII.

El edificio, construido sobre los huertos del Convento de São Domingos, se erguía en la actual Praça da Figueira. Apoyada sobre veinticinco arcadas, la fachada principal de 100 metros de largo se abría a la Praça do Rossio de la que ocupaba todo el lado este. En medio, una escalera monumental daba acceso a la iglesia de estilo manuelino. Construido sobre tres niveles, el edificio en forma de cruz tenía 250 camas. Auténtico modelo de innovación e ingenio, incluía un servicio de urgencias, una farmacia, un asilo para locos, un departamento pediátrico y una zona privada (y de pago) para los nobles.

Se agrupaban a los pacientes según el sexo y sus patologías. En un lujo absoluto, cada uno tenía un armario para guardar sus efectos personales. Los

difuntos salían discretamente por una puerta escondida detrás de cada cama.

En el centro del establecimiento, un gran altar ofrecía a los internos la posibilidad de acudir a los oficios religiosos desde una de las tres alas simétricas.

Deteriorado a causa de los incendios de 1601 y 1750, el Gran Hospital de los Pobres sufrió daños irreparables en el terremoto de 1755. Trasladaron a enfermos y heridos a unas tiendas de campaña temporales en el Rossio o a unos conventos y palacios reconvertidos en dispensarios provisionales. Junto a la tienda donde está el pilar de tierra, una oficina de cambio muestra una foto agrandada de un grabado del siglo XVIII en el que el Hospital de Todos os Santos aparece en todo su esplendor. Detrás del vidrio donde trabajan los empleados, hay también un fragmento de esta última arcada.

Redempsão de Portugal
A fidelidade e o amor triunfão

LOS PANELES DE LA RESTAURACIÓN

13

Jardines del palacio de los condes de *Almada*
Largo de S. Domingos
• Visita guiada previa cita • Tel.: 21 324 14 70
• Metro: Rossio

"Los azulejos olvidados de la Independencia

Situado en el centro de la Baixa lisboeta, cerca del Rossio y de la iglesia S. Domingos, el palacio de la Restauración es conocido con varios nombres: *Palácio dos Condes de Almada (palacio de los condes de Almada), da Restauração* (de la Restauración) o *da Independência* (de la Independencia). Cuando la revuelta patriótica del 1 de diciembre de 1640 estalló, su propietario, D. Antão de Almada, reunió a los 40 conjurados que devolvieron la independencia a Portugal tras estar 60 años bajo el yugo de Castilla.

Los conjurados se reunían en secreto en los jardines del palacio, adquirido en el siglo XV a D. Nuno de Barbudo por D. Fernando de Almada, capitán de la armada portuguesa, y su esposa. Al entrar, se ven sobre los tejados las dos grandes torres cónicas de ladrillo (semejantes a las chimeneas cónicas del palacio real de Sintra), ejemplo típico del estilo Restauración, que D. Antão de Almada mandó construir. En los jardines del palacio hay unos azulejos, poco afectados por el terremoto de 1755 y casi desconocidos por la mayoría de los lisboetas, denominados *Paneles de la Restauración*. Datan de 1696 y son obra de Gabriel del Barco. En uno de ellos se ve a los conjurados reunidos en este lugar, como bien dice su título: *Bienaventurado lugar, honorables reuniones donde se llevó a cabo la Redención de Portugal.* En otros paneles, se puede ver el ataque victorioso contra los regentes españoles en el palacio de la Ribeira o la procesión triunfal celebrando la Restauración.

En el jardín, adosado a la antigua muralla fernandina (de la época del rey D. Fernando, siglo XIV), a la derecha de la fuente y de los paneles de azulejos, hay una sala donde se habrían celebrado las reuniones de los conjurados. Los participantes bajaban por la escalera de la muralla fernandina y tras golpear la puerta, que se encontraba en la hilera de la misma, enseñaban la señal secreta para poder entrar al pabellón: un pequeño tubo de plata que escondía en uno de sus extremos un resorte que al accionarse mostraba la imagen de *Nossa Senhora da Conceição*, Patrona de Portugal.

CUANDO CRISTO SE DESCLAVÓ EL BRAZO DERECHO DE LA CRUZ Y BENDIJO AL PORTUGAL LIBERADO...

En el centro del jardín, la fuente con el ángel reza el siguiente título: *Redención de Portugal, la Fidelidad y el Amor triunfan*. Representa al *Ángel de Portugal Restaurado*, un tema basado en la leyenda piadosa y patriótica que cuenta que durante la procesión conmemorativa de la Independencia Nacional, del crucifijo sostenido por el padre Nicolau da Maia, Cristo se desclavó el brazo derecho de la Cruz y bendijo a la población, bendiciendo así a todo Portugal liberado.

CUADRO PANORÁMICO DE LISBOA

14

Iglesia de San Luis de los Franceses
Beco São Luis da Pena, n° 34
- Horario: de lunes a sábado de 9 a 13 h
- Metro, autobús y tren: Restauradores o Rossio

> ***La única vista panorámica de Lisboa anterior a 1620***

Dentro de la Iglesia de San Luis de los Franceses (propiedad del Estado francés), en el muro izquierdo de la nave, un cuadro encargado por el capitán Manhonet, armador de origen bordelés, está atribuido a Domingos Vieira Serrão y a Simão Rodrigues. Los dos pintores de la corte del rey Felipe III de España (también llamado Felipe II de Portugal) representaron una vista de Lisboa, hoy único retrato de la ciudad anterior a 1620, mucho antes del terremoto de 1755. Testimonio histórico único, esta vista panorámica entre Ribeira das Naus (el río de los navíos) y el Jardim do Tabaco desvela edificios desaparecidos y evoca la actividad marítima y comercial floreciente de la época. A la izquierda del todo, cuatro tejados en punta rematados por veletas cubren el palacio de la familia Corté Real. Vendido a la familia real, fue destruido en 1755. En el primer plano a la izquierda, las cuatro plantas y la cúpula de la elegante Torre Terzi (c. 1590) tuvieron el mismo destino fatídico. La gran plaza de al lado era astillero y lugar de carga y descarga de productos ordinarios (aceite, vino, madera, frutas, nieve de la montaña de Estrela) o exóticos (especias, piedras preciosas, oro, plata) procedentes de las Indias. En el eje de la mano derecha de la Virgen se ve la Iglesia del Carmen intacta. En primer plano, las fachadas amarillas y grises de Terreiro do Paço (renombrada Praça do Comércio a finales del siglo XVIII),

pintadas de rosa con motivo de la proclamación de la República en 1910, han recuperado hoy su amarillo azafrán original. Al lado, una amplia explanada albergaba un mercado al que daba la Casa dos Bicos (1523). Más abajo, a la derecha del Castillo de San Jorge, el convento agustino de Nuestra Señora de Gracia está representado en su forma original. En el Tajo, carabelas, galeones de las Indias y fragatas con las velas infladas recuerdan la imagen de una actividad marítima intensa. En las nubes, una Virgen asistida por unos veinte ángeles regordetes cuidan de la ciudad como así lo recuerda la leyenda arriba a la izquierda: "Nuestra Señora del Puerto Seguro ruega a su querido hijo por esta ciudad y su actividad fluvial". Los pintores de este exvoto estaban a miles de leguas de imaginar la tragedia de la que Lisboa iba a ser víctima en 1755.

Frente a esta vista de Lisboa, un cuadro muestra una curiosa vista de las calles de París en el siglo XVII. Esta obra de un realismo notable narra en primer plano el momento en que san Luis recibe la corona de espinas de mano de Cristo. A la derecha del lienzo, el púlpito de piedra de Lioz apoyado sobre tres cabezas de diablos simboliza el sermón que acaba con el pecado.

A la derecha del coro, el niño Jesús de mármol de Carrara es obra de Elias Robert, también conocido por haber esculpido la monumental estatua de bronce del rey Pedro IV en la plaza con el mismo nombre.

Los símbolos reales que encontramos en la iglesia (flores de lis de madera dorada en el techo del coro, escudo real en la parte frontal del púlpito, escudos de armas de Francia en los alféizares de las ventanas que dan a la calle) rinden homenaje a Luis XV que financió la reconstrucción de la iglesia en 1762 tras el terremoto de 1755.

El Museo Nacional del Azulejo (en el Monasterio de la Madre de Deus) posee un panel de azulejos que también muestra una interesante vista panorámica de Lisboa aunque solo date de 1725.

EL TÚNEL DEL PÁTIO DO TRONCO

15

Rua das Portas de Santo Antão, nº 13 (Baixa)
• Metro y autobús: Rossio

> ***El lugar donde arrestaron y encarcelaron a Luís de Camões***

Situado entre las salas de espectáculos y los restaurantes populares de la Rua das Portas de Santo Antão, un túnel poco atrayente llama sin embargo la atención. En estas paredes revestidas de azulejos resplandecientes realizados en 1992 por el ceramista Leonel Moura, destaca un gigantesco "Siempre Portugal" inscrito en caracteres blancos sobre fondo azul. Encima, se lee: "El 16 de junio de 1552, Luís Vaz de Camões fue arrestado a las puertas de Santo Antão tras implicarse en una pelea, y luego encarcelado en la prisión municipal de Tronco".

En la bóveda del túnel, el retrato del gran poeta (1525-1580), reconocible por su ojo tuerto, secuela de una reyerta en Ceuta donde fue expatriado a causa de sus extravagancias y de su constante insolencia, se reprodujo en diez ejemplares.

Una noche, cuando caminaba por la Rua de Santo Antão, el autor de Las Lusiadas escuchó el ruido de una violenta pelea. Al acercarse, el impetuoso joven de 28 años reconoció a dos de sus amigos en dificultades.

Sin dudarlo, les echó una mano e hirió de una estocada en la nuca a un tal Gonçalo Borges, un aristócrata vinculado a la corte real. Camões fue encarcelado en la prisión de Tronco durante nueve largos meses, a pesar de haber sido perdonado por la víctima.

Tuvo que esperar al 24 de marzo de 1553 para ser liberado por carta real. El mismo día, embarcó para la India donde sirvió como soldado para reparar su falta. Su estancia en la cárcel le dejó un recuerdo amargo teñido de humillación que más tarde resumió así:

"Con lazo indecoroso, vivía atado;
Vergonzoso castigo de mis yerros;
Y empiezo ahora a sacudir los hierros
Que a mi pesar la muerte ha quebrantado".

LOS PANELES DEL QUINTO IMPERIO DE LIMA DE FREITAS 16

Estación del Rossio
Largo D. João da Câmara

> ***«Portugal tiene mucho que enseñar y que dar a Europa»***

En la estación ferroviaria del Rossio, cerca de los andenes, están expuestos 14 paneles murales de azulejos polícromos. Realizados en la Fábrica de Cerâmica de Constância en 1995-1996 a partir de maquetas de Lima de Freitas (Setúbal, 1927 - Lisboa, 1998), todos estos paneles están inspirados en los mitos y leyendas de Lisboa.

Pintor inicialmente ligado al neorrealismo, Lima de Freitas adoptó rápidamente el imaginario portugués que dibujó y pintó con talento, a lo Almada Negreiros, de quien era cercano. Repletos de símbolos, sus paneles relatan, entre otros temas, la teoría del Quinto Imperio (véase pág. 62), como se puede ver claramente en el panel *Vieira y el V Imperio.*

El inmenso saber que contenían estos paneles llevó a Gilbert Durand, amigo personal del maestro, a expresar: «Portugal posee por si sola más mitos que toda Europa unida, tal vez esto le permita tomar conciencia de su destino».

Estas palabras están respaldadas por las del propio Lima de Freitas: «Portugal no tiene ninguna razón para sentirse avergonzada ante el resto de naciones europeas. Al contrario, tenemos mucho que enseñarles, que darles. La Misión tiene que ver con nuestras mayores cualidades: la Fraternidad humana que tenemos arraigada, la idea de Universalidad, la visión del Quinto Imperio».

> Hay un décimo quinto panel del mismo autor expuesto en la estación de metro Restauradores, con la que esta estación central comunica directamente.

LOS PASADIZOS SECRETOS DEL HOTEL AVENIDA PALACE

17

Rua Primeiro de Dezembro, 123
• Metro: Restauradores

"*Espías en el hotel Avenida Palace*

Durante la Segunda Guerra Mundial, el hotel *Avenida Palace* fue un nido de espías alemanes, ingleses y americanos, a pesar de que Portugal permaneció neutral durante el conflicto. Los empleados más viejos del hotel cuentan historias rocambolescas de esa época y enseñan a los visitantes interesados algunos de los pasadizos secretos utilizados por los espías, cuya reputación fue tal que incluso la película *Casablanca* menciona Lisboa por esta razón.

En la cuarta planta, aún se ve la puerta secreta que abre sobre otra puerta cerrada con llave desde 1955. Detrás de esta puerta hay un pasillo que unía el hotel con la estación de Rossio, facilitando la entrada anónima y sin control policial de las personalidades importantes y espías bajo cobertura diplomática.

Una de las leyendas del espionaje tenía como nombre código *Garbo*. Ciudadano español residente en Lisboa, este espía pasaba información a los alemanes que se inventaba a partir de los sencillos manuales de geografía sobre el estilo de vida de los ingleses. Gracias a él, los alemanes llegaron a pensar que la batalla aérea de Inglaterra estaba perdida, cuando aún nada estaba resuelto. Todo esto en el mismo momento en que se especulaba sobre la invasión de los Aliados en Europa y cuando corrían rumores sobre el lugar del desembarco: Normandía, o más probablemente, habida cuenta de la corta distancia con Inglaterra, Pas-de-Calais. Considerado el hotel más lujoso de la Baixa, el *Avenida Palace* fue fundado en 1892 por la compañía de turismo *Wagons-lits* cuya sede se encontraba en París. El arquitecto Luís Monteiro se encargó del proyecto destinado a los turistas europeos que llegaban a Lisboa por el ferrocarril del Rossio. El hotel tiene 85 habitaciones, 11 suites, un gran salón, un restaurante estilo *belle epoque* y un comedor estilo *imperio*. Entre los ilustres personajes que han pasado por este hotel están: el emperador Hirohito de Japón que pasó aquí su luna de miel, el banquero Alves dos Reis, el almirante Américo Thomaz y el presidente portugués Sidónio Pais, que fue asesinado cuando iba de camino.

LOS SECRETOS DE LA ESTATUA DE DON SEBASTIÃO

18

Estación central del Rossio
Largo D. João da Câmara

17, la cifra clave de Portugal

En el centro de la fachada principal de la estación central del Rossio, en el cruce de los dos arcos de herradura, está la estatua de Don Sebastián, el rey que desapareció en África en 1578 en la batalla de *Alcazarquivir* (batalla de los Tres Reyes).

Siendo la estación central del Rossio un lugar de esperanza y espera, no hay mejor lugar para colocar al desaparecido rey que dictó el fatídico destino de Portugal, que perdió su independencia durante los siguientes 60 años, por la ocupación de Castilla.

El número 17 está omnipresente en esta fachada. El monarca está representado de joven, a la edad de diecisiete años. Vestido con ropa de la época, con la insignia real sobre el pecho, sujeta ante sí el escudo con las armas de Portugal, con una inclinación de 17°, número que refiere a la suma total de las ocho puertas y nueve ventanas de la fachada. Observe que es el número del biorritmo del Portugal cuya historia se viene desarrollando en ciclos de 17 años (véase pág. 92). Sujeta su espada delante del escudo y sus manos parecen ocultar dos castillos dejando cinco visibles, intención que hace referencia a la temática del Quinto Imperio, pensada en Lisboa e imaginada en Sintra (véase pág. 62). En este sentido, podemos considerar los dos arcos de la fachada como las herraduras del caballo blanco sobre el que supuestamente debe llegar el Rey Encubierto, apodo de Don Sebastián y símbolo del Mesías Universal, en una mañana brumosa, como lo vaticina la utopía sebastianista de Portugal conocida muy probablemente por el autor de esta estatua, el escultor Simões de Almeida. Éste ya había esculpido un modelo en yeso de Don Sebastián, entonces Infante (1874), que luego hizo en mármol en 1878 y que se exhibió en la Exposición Universal de París. El exterior de este edificio de exuberancia neomanuelina fue diseñado por el arquitecto José Luís Monteiro en colaboración con Adães Bermudes. Construida en 1886-1887, la estación fue inaugurada el 23 de noviembre de 1890 con el nombre de *Estação Avenida*. Es una obra atrevida para la época ya que integra en una estación de ferrocarriles un estilo arquitectónico y una corriente estética que hasta entonces sólo se habían utilizado en los edificios reales, nobles o relacionados con el poder.

Sidónio Pais, otro rey-presidente, fue asesinado junto a esta estatua el 14 de diciembre de 1918, época en que era aclamado por muchos como «Don Sebastián reaparecido». Fue tal vez por esto que le asesinaron.

17, LA CIFRA CLAVE DE PORTUGAL

Varios autores justifican la misión particular de Portugal adaptando el siguiente versículo de los *Hechos de los Apóstoles*: «*Te he establecido como Luz [Lux] de los Naciones [Citânia], a fin de que lleves la Salvación hasta los confines de la Tierra*» [XIII, 47] y la correlacionan con el significado salvador del Arcano 17 del Tarot: *La Esperanza*, una carta que lleva el nombre de *La Estrella*. El milagro de Ourique [25 de julio de 1139, día de Santiago, según la *Crónica de los Godos*] parece confirmar esta misión: durante esta famosa batalla, Cristo se le apareció a D. Alfonso Henriques y le aseguró que un descendiente suyo de la 16ª generación [que corresponde con Don Sebastião] renovaría la nación portuguesa. Observe que las 16 generaciones más la de origen suman 17 generaciones. En el Tarot, el 17 indica que «lo que está oculto debe ser revelado», conforme al significado etimológico de *Apocalipsis*: *revelación secreta*. Además, sumando el 1 y el 7 del 17, obtenemos 8 que corresponde en el Tarot a la carta de la *Justicia*, imagen del arcángel San Miguel adaptada del famoso vaticinio de «quien nace en Portugal es por misión o por castigo» o, en otras palabras, para servir a la Humanidad o sufrir con ella, significando que los dos extremos se tocan. Fernando Pessoa [véase pág. 78] hizo el horóscopo de Portugal partiendo del año 1128 [24 de junio, fecha de la batalla de São Mamede entre D. Alfonso Henriques y su madre Doña Teresa] hasta llegar a 1978. Observe que entre ambas fechas distan 850 años, es decir, exactamente 50 ciclos de 17 años. En ese mapa astrológico, realizado en torno a 1920, Fernando Pessoa afirma que entre 1877 y 1978 Portugal atravesaría un ciclo lunar [*castigo*] y que a partir de ese año se iniciaría un nuevo ciclo solar mundial en el que se crearán las condiciones indispensables para que Portugal pueda asumir plenamente su misión en el mundo. Astrológicamente, Pessoa une la entrada de Portugal en la Casa 5 del Sol [León] con las 5 llagas [estigmas] de Cristo, a su vez correlacionadas con los cinco escudos de la bandera portuguesa y éstos con la idea del Quinto Imperio [véase pág. 62] extendiéndose desde Lisboa sobre la Tierra entera. El número clave 17 también se encuentra en el número exacto de calles de la Baixa Pombalina, 17, y en el número de personajes de los paneles centrales del *Políptico* de Nuno Gonçalves [véase pág. 166], sin olvidar la inclinación del escudo nacional de 17º hacia la derecha. Éste fue enderezado durante el reinado de Don Juan II, por iniciativa personal del monarca, pero se puede ver tal y como estaba originalmente en la estatua ecuestre de Don Sebastião, en la entrada de la estación central del Rossio [véase pág. anterior].

¿POR QUÉ SE ENDEREZÓ EL ESCUDO DE PORTUGAL?

El reinado de Don Juan II (1455-1495), 13er rey de Portugal, apodado el Príncipe Perfecto, se caracterizó por su poder autoritario y maquiavélico. Fueron constantes las represalias contra la nobleza que se oponía a su absolutismo. Suprimió los consejos municipales y expolió a la Orden de Cristo, agente principal de la resistencia, hasta tal punto que en 1484 ordenó el asesinato de su administrador Don Diego, duque de Viseu, apuñalado por la espalda en el palacio de Setúbal. En 1485, el rey ordenó que se prohibieran todas las insignias de la Orden de Cristo en las carabelas. Ya había mandado eliminar antes las de la Orden de Avis y las había reemplazado por los emblemas reales, debilitando considerablemente las energías nacionales, ya que casi nadie se reconocía en las insignias del monarca. Sin entender nada del simbolismo del blasón portugués, Don Juan II mandó modificar los escudetes del escudo de armas de Portugal, en la llamada «Operación enderezamiento del blasón» llevada a cabo ese mismo año. A la nobleza que intentaba oponerse, les espetó la famosa frase: «Yo soy el señor de los señores y no el sirviente de los sirvientes».

REX

DON SEBASTIÁN, EL «REY SOÑADOR»

Don Sebastián I (Lisboa, 20 de enero de 1554 - Alcazarquivir, Marruecos, 4 de agosto de 1578) fue el 16º rey de Portugal y el 7º de la dinastía de Avis. Hijo del infante Don Juan, hijo de Don Juan III, y de Doña Juana, hija del emperador Carlos I, murió sin descendencia.

Don Sebastián llegó al trono al morir su padre, dos semanas antes de su nacimiento. En 1557, con tres años de edad, se convirtió en rey. Heredero muy esperado para perpetuar la dinastía Avis, se le conoció como *El Deseado*, *El Encubierto* o *El Durmiente* (una especie de Mesías), debido a la leyenda sobre su regreso, en una mañana brumosa, para salvar a la nación (véase sebastianismo pág. 116).

Don Sebastián tuvo como preceptor al padre jesuita Luís Gonçalves da Câmara que le convirtió en un monje visionario, y al escudero Don Aleixo de Menezes que le convirtió en un caballero visionario. Estas dos educaciones, sobre todo la primera, hicieron de Don Sebastián un monje militar coronado, un católico excitado que luchaba contra las herejías y un exaltado de la idea de Portugal dominando el mundo. Estaban presentes todos los ingredientes necesarios para la gran tragedia que iba a arruinar el país.

El ideal de caballería de Don Sebastián le llevó a devorar la literatura de este género, a revolver las tumbas de sus antepasados en el monasterio de Batalha en busca de no se sabe qué y a ambicionar frenéticamente proezas militares superiores a las de los reyes anteriores. Su ideal religioso le convirtió en un puritano, un asceta que soñaba con recorrer las montañas de Sintra o con encontrar un «Grial».

A los 14 años, Don Sebastián asumió el gobierno del Imperio. Frágil de salud y débil de espíritu, sólo soñaba con batallas y conquistas y con la expansión de la Fe, dedicándose muy poco a los asuntos de su vasto imperio. Se convenció a sí mismo de que era un gran capitán de Cristo en una gloriosa cruzada contra los moros del norte de África, consiguiendo conquistar Jerusalén donde se convertiría en el «rey del Mundo» (véase pág. 93). Dominado por sus sueños de grandeza, desoyó los consejos de los sabios y se perdió en su locura, y Portugal con él, en medio de las arenas africanas de Alcazarquivir. Tenía 24 años.

El tío del malogrado joven rey, Felipe II de España, ocupó Portugal, lo sometió políticamente y militarmente a Castilla y la independencia nacional se perdió. Muy pronto nacieron esperanzas patrióticas según las cuales el desaparecido Don Sebastián regresaría para liberar al país del ocupante español. Así empezó el mito sebastianista del *Encubierto* (véase pág. 62).

En 1581, deseoso de acabar con el auge del sebastianismo, Felipe II mandó trasladar al monasterio de los Jerónimos el supuesto cuerpo del desaparecido rey, lo que no dio ningún resultado ya que no existían pruebas de que se tratase del cuerpo de Don Sebastián. Aún así, se grabó: «Don Sebastián, rey de Portugal y del resto», es decir del mundo.

LA ABADÍA SUBTERRÁNEA DEL PALACIO FOZ 19

Palácio Foz
Praça dos Restauradores
• Visitas previa cita llamando al 21 322 12 00 o por mail a reservaspalaciofoz@sg.pcm.gov.pt

Una abadía subterránea secreta

Los subterráneos del palacio Foz albergan una extraordinaria abadía, antaño un restaurante donde se celebraron reuniones secretas hasta 1940. En la actualidad, el lugar está cerrado al público pero se puede visitar previa cita. Está dividido en tres partes: el *claustrum* (claustro) con su *taverna vínica* (taberna de vinos) como puede leerse sobre el dístico; el *refectorium* inspirado en los claustros románicos cistercienses de la península ibérica; y el *coro*, contiguo a las celdas, que domina el claustro. Reservado casi exclusivamente a la flor y nata de la masonería (hombres y mujeres masones del Rito Escocés Antiguo y Aceptado) así como a los miembros del Club de los Makavenkos, sociedad bohemia que organizaba cenas y cuyos miembros, en su mayoría, estaban ligados al humanismo masón, este lugar se basa enteramente en el simbolismo esotérico, tanto masón como cabalístico y teosófico, inspirado en los mitos lusitanos. La presencia masónica es incontestable, en particular sobre las paredes norte y sur del *refectorium*, donde aparecen veinticuatro pequeños bustos de masones de ambos sexos, algunos de ellos con la insignia masónica de su rango sobre el pecho. También se puede ver la extraña figura del mítico personaje de la mujer-dragón, las palomas y golondrinas en los ángulos en relieve del salón, los timones con las efigies de Vasco de Gama y Pedro Álvarez Cabral, la estatua suspendida de un arquitecto medieval, la hermosa fuente de coral junto al pozo por el que se baja a los subterráneos de Lisboa, el pequeño balcón decorado con cordajes y poleas, y debajo, en relieve, el nudo marino. Columnas toscanas de mármol rojo y columnatas de mármol verde realzan aún más este lugar reservado a las reuniones secretas y a los ágapes (véase pág. contigua) de los masones lisboetas. Hasta finales del siglo XIX, el palacio Foz fue la residencia más importante de Lisboa. Pertenecía a los marqueses de Castelo Melhor que lo mandaron edificar en 1777, según un proyecto del arquitecto italiano Francisco Xavier Fabri. Más tarde, en 1889, los Castelo Melhor vendieron el palacio al financiero Tristão Guedes de Queirós Correia Castelo Branco, segundo conde y primer marqués da Foz.En abril de 1917, se inauguró la *pastelaria Foz* que ocupaba varias dependencias de la planta baja y el sótano que albergó un restaurante de estilo *Art nouveau*, la *Abadía*, que mezclaba estilos neogóticos y neomanuelinos.

ÁGAPES MASÓNICOS

La masonería moderna heredó del judaísmo cristiano la tradición de los ágapes, también conocidos como banquetes, que se hicieron populares en Portugal durante las campañas napoleónicas. En su sentido más puro, los ágapes son los Festejos Populares del Imperio del Divino Espíritu Santo, de origen portugués, que se celebraban en Alfama y en São Sebastião da Pedreira, donde todos, sin distinción de rango, se sentaban a la misma mesa del *bodo* (comida), después de la misa. El ágape, del griego «amor desinteresado», es una *Fiesta del amor*. Primitivamente los cristianos celebraban estos banquetes como muestra de simpatía, amor y benevolencia mutua. San Clemente instauró estos banquetes de caridad en Roma durante el reino de Domiciano (siglo I), y son una tradición directamente heredada de los Misterios del dios solar Mitra que el cristianismo adaptó en el episodio de la *Última Cena* de Jesucristo (véase *Roma Insólita y Secreta*, de esta misma editorial). Los primeros cristianos celebraban estos banquetes fraternales antes de la comunión eucarística. Se servían no sólo pan y vino sino también manjares varios, y estaban presididos por los propios apóstoles, y más tarde, por los obispos y los sacerdotes. A partir del siglo III, los ágapes tendieron a degenerar en orgías, hasta tal punto que la Iglesia los prohibió cuando un obispo no pudiera garantizar su correcta celebración.

En el siglo XVIII la tradición masónica recuperó la constitución jerárquica y las tradiciones del cristianismo primitivo, incluidos los ágapes rituales relacionados directamente con las comidas o banquetes de las logias masónicas. Sin embargo, quedaron excluidos de los mismos el *santo beijo* (beso santo) y las mujeres, pasando los banquetes a ser más bien fiestas «del beber» que «del amor».

La *Fiesta del amor* sigue presente en la Eucaristía, el punto central de la misa, cuando el sacerdote eleva y consagra el pan y el vino que se convierten en el Cuerpo y Sangre de Cristo.

LOS SÍMBOLOS DE LA ABADÍA DEL PALACIO FOZ

En el antiguo restaurante *Abadía* del palacio Foz, hay una curiosa escultura de cuerpo entero, de un arquitecto medieval, con el gorro frigio (emblema del adepto) y sujetando una columna con dos cabezas de elefante con las trompas enlazadas. Representa al Gran Arquitecto del Templo de la Virtud y la Sabiduría. A esta última la señala el elefante (en duplicado para señalar la sabiduría del espíritu y la virtud del alma). El elefante es la iconografía hindú del dios *Ganesh o Ganesha*, hijo de *Shiva*, patrón de la *Gupta Vidya* o Sabiduría Secreta. Poseedor de los secretos del Arte Real (Geometría y Matemáticas), el Maestro Arquitecto es poseedor de la sabiduría y de la virtud. Sería la expresión perfecta del Adepto real u Hombre perfecto, el mismo poseedor del Arte sacerdotal, constructor de iglesias, catedrales, palacios y castillos en toda Europa.

Debajo de la escultura, un pozo se hunde en las entrañas de Lisboa. A su derecha, una hermosa fuente de coral evoca simbólicamente la *fons de Sé* (la fuente de la Sabiduría) de donde surge el *Acqua Vitae* que purifica el cuerpo e ilumina el alma de quien se convierte en Adepto perfecto, señalado sobre el costado por el Gran Arquitecto.

Escola Sup. de Enf. A. Ravara
Hospital de Santo António dos Capuchos
Alam. de Santo António dos Capuchos
Jardim Braamcamp Freire
Avenida da Liberdade
Rua Alexandre Herculano
Rua Rosa Araújo
Rua Mouzinho da Silveira
Rua Barata Salgueiro
Rua Rodrigues Sampaio
Rua Castilho
Rua do Salitre
Largo Jean Monnet
Parque Mayer
Avenida
St Memed
Instituto Geofísico do Infante Dom Luís
Museo Nacional de Historia Natural
Jardim Botânico
Museo Geológico
Universidade Internacional
Praça do Príncipe Real
J. de A. Keil
Alto do Penalva Arco do Evaristo
Rua Dom Pedro V
São Pedro de Alcântara
São José
Elevador do Lavra
Calçada do Lavra
Coliseu dos Recreios
Teatro Politeama
Praça dos Restauradores
Palácio Foz
Eden Teatro
Restauradores
Elevador da Glória
Estação Central do Rossio
Teatro Nacional Dona Maria
Rossio
Tribunal Constitucional
Museu de Arte Sacra
São Roque
Trindade Coelho
Bairro Alto
Academia das Ciências de Lisboa
Min. do Ambiente e Recursos Naturais
Bairro Alto Santa Catarina
Santa Catarina
Escola Superior de Teatro e Cinema
G. N. R. Museo Arqueológico
Teatro da Trindade
Largo do Carmo
Elevador d. Santa Justa
Rua Garrett
Chiado
Largo do Chiado
Pr. Luís de Camões
Ministério da Industria e Energia
Elev. da Bica
Mir. de Santa Catarina
Teatro Nac. de S. Carlos
Governo Civil
Faculdade de Belas Artes
Museo Chiado
M. Nacional de Arte Contemporânea
Largo do Barão de Quintela
Central Telefónica
Praça Dom Luís I
Praça da Ribeira Nova
Mercado Municipal 24 de Julho
Rua Dom Luís I
24 de Julho
Praça Duque de Terceira
Avenida da Ribeira das
Cais do Sodré
Estação Cais do Sodré
Gare Fluvial
Brasília
1
2
3
4
5
6
7
8
9
10
11
12
13
14

BAIRRO ALTO SANTA CATARINA CHIADO CAMPO SANTANA

EL SUBTERRÁNEO DE LA PRAÇA DO PRÍNCIPE REAL

1

Praça do Príncipe Real
• Horario: de lunes a sábado de 10 a 18 h
• Bus: nº 758

> *Una impresionante cisterna*

Bajo los callejones del Bairro Alto, el Reservatório da Patriarcal es una impresionante cisterna de la que parten tres galerías que permiten que el visitante descubra el mundo subterráneo de Lisboa. La primera da a la Galeria do Loreto, la segunda va en dirección a Rua da Alegria y enlazaba con el acueducto de Alviela a través del acueducto de Alegrua, y la tercera galería va hacia la Rua de São Marçal y abastecía de agua la parte oeste de la ciudad. El recorrido abierto al público, de una distancia de 410 metros, incluye la galería que une el Reservatório da Patriarcal a la Galeria do Loreto y la sección entre el Jardín del Príncipe Real y el Jardín de São Pedro de Alcântara, culminando, sorprendentemente, con el mirador que tiene el mismo nombre.

Las Águas de Alfama abastecían de agua la parte este de Lisboa y el Reservatório la parte oeste de la capital. Situada bajo la plaza del Jardín del Príncipe Real (José I), también conocido con el nombre de Jardim da Patriarcal o Jardim França Borges, esta gigantesca cisterna octogonal, con una capacidad de 880 m^2 y de 67 metros de altura, tiene 31 columnas de 9,25 metros. Los planos datan de 1856 y son del ingeniero francés Charles Mary. Construida entre 1860 y 1864, abastecía de agua la parte baja de la ciudad y sus barrios occidentales.

En el siglo XVII, el terreno donde está el Jardín del Príncipe Real iba a destinarse a la construcción del palacio del hijo del marqués de Alegrete, pero, abandonado y deteriorado, se convirtió en el gran basurero al aire libre del Bairro Alto. Luego, la Compañía de Jesús compró el terreno para construir el Colégio das Missões, destruido en el terremoto de 1755. Tras diversos usos del terreno, se construyó una nueva Sé Patriarcal que desapareció a causa de un incendio. Pero su nombre ha perdurado, y desde el reinado de Juan V hasta hoy, este jardín romántico es conocido como el Jardim da Patriarcal (patriarca), con el mismo nombre que la cisterna.

Desde 1949, desde que se inauguró la red de abastecimiento de agua del río Alveila, el Reservatório da Patriarcal está fuera de servicio. En 1994, el arquitecto Varandas Monteiros restauró el lugar y lo transformó en espacio cultural con el fin de organizar espectáculos y exposiciones. En 1995, el proyecto de restauración del Reservátorio da Patriarcal ganó el premio municipal de arquitectura Eugénio dos Santos.

LOS AZULEJOS DEL CONVENTO DOS CARDAES

2

Convento dos Cardaes
Rua de O Século, 123
• Horario: de lunes a sábado de 14.30 a 17.30 h
• Autobús: nºs 58 y 100

“*Una maravilla desconocida*

Pocos lisboetas conocen el maravilloso Convento de Nossa Senhora da Conceição dos Cardaes, o sencillamente Dos Cardaes, cuya construcción, bajo la autoridad de doña Luísa de Távora, fundadora del convento, se llevó a cabo de 1681 a 1703. Su iglesia, que solo tiene una nave, está decorada con pinturas y paneles de azulejos que ilustran la vida de santa Teresa de Ávila firmados de la mano del holandés Jan Van Oort. Su amplia colección de azulejos del siglo XVIII y de azulejos llamados *joaninos* es única en Lisboa.

El convento se compone de una iglesia, dos claustros, un refectorio y algunas dependencias. El claustro más grande, que da al jardín y está repleto de sepulturas, tiene las paredes cubiertas de paneles de azulejos y tiene en su centro un pequeño lavadero de piedra. En el refectorio, de forma rectangular, se repite la decoración de azulejos de *albarradas* o *padrão camélia* azules y blancos. Dentro de la iglesia, toda alargada, el altar principal es de madera esculpida recubierta de una capa dorada y forma una especie de caja cerrada gracias a un lienzo que representa a la Inmaculada Concepción con san Juan de la Cruz y otros santos carmelitas, ejecutado por el pintor André Gonçalves a partir de un dibujo de Vieira Lusitano. En 1834, con la publicación del decreto que suprimía las órdenes religiosas, el régimen liberal cerró el convento cuando murió su última residente. Pero antes de que esta muriera, la institución cambió de nombre y de objeto y pasó a ser la Asociación [de Nuestra Madre] Protectora de los Afligidos [de las Hermanas de la Tercera Orden de Santo Domingo], eludiendo así el decreto y su prohibición. De hecho, un grupo de fieles católicos firmó una petición antes de la muerte de la última hermana en marzo de 1876. El documento, excelentemente elaborado y argumentado, solicitaba al Estado el permiso de convertir este convento en una asociación, y conservar los objetos de culto y las piezas litúrgicas. Para evitar que el edificio cayese en ruinas, se entregaron el antiguo Convento dos Cardaes de Jesús, su cerca, su iglesia y sus bienes a la asociación y sirvió de asilo para los inválidos invidentes. En 1878, se devolvió el convento a las hermanas de la Tercera Orden de Santo Domingo. Hoy siguen siendo las dueñas.

DE LOS AZULEJOS PORTUGUESES A LAS CERÁMICAS HOLANDESAS

El coro superior, pegado a la iglesia, tiene una imponente reja de hierro y unos paneles de azulejos que representan escenas de la vida de santa Teresa que parecen dar la réplica a los azulejos de Jan Van Oort en la planta baja. Un detalle divertido: el azul intenso está omnipresente en la versión portuguesa mientras que el blanco predomina en la versión flamenca.

TALLER-MUSEO JÚLIO POMAR

3

Rua do Vale, 7

- Metro: Baixa-Chiado, a 15 min andando de la salida Chiado. Tranvía: nº 28, parada Calçada do Combro
- Horario: De martes a domingo de 10 a 13 h y de 14 a 18 h
- Entrada: 2 €, martes gratis
- Tel.: 215 880 793

"70 años de vida artística en un museo desconocido

Abierto en abril de 2013 a unos pasos del corazón del Bairro Alto, cerca de la casa del artista, el taller-museo Júlio Pomar es un lugar desconocido para la mayoría de los habitantes de Lisboa.

En él se pueden admirar unas 400 obras (pinturas, esculturas, dibujos, grabados, cerámicas y *collages*) de Júlio Pomar, referencia del arte moderno y contemporáneo portugués, conocido especialmente por su trabajo dedicado al universo del fado y a algunos de sus intérpretes más emblemáticos, como el ineludible Carlos do Carmo o la joven cantante de moda Mariza, de quien ha hecho unos retratos increíbles. También es uno de los representantes de la corriente neorrealista de los años 1940 y 1950, que buscan un mayor acercamiento a la realidad social y al activismo político.

Los mejores ejemplos son sus obras *Resistência y Azenhas do Mar*, caracterizadas por los tonos sombríos y un trazado sinuoso. Júlio Pomar también dedicó en los años 1980 y 1990 una parte de sus obras al Amazonas, en una serie de cuadros marcada por los colores vivos y un estilo expresionista.

Una de las particularidades del taller-museo es la organización anual de exposiciones "en dúo" donde se pone en perspectiva la obra de Júlio Pomar con la de un pintor contemporáneo.

Otras exposiciones temporales temáticas llenan frecuentemente la agenda de este espacio donde el blanco predomina, en un ambiente casi futurista. Se organizan a menudo talleres impartidos por artistas famosos.

JÚLIO POMAR, UNA REFERENCIA ARTÍSTICA DE LA CORRIENTE MODERNISTA

Júlio Pomar es una figura de referencia en el arte moderno y contemporáneo portugués. Pintor, escultor y escritor nacido en 1926 en Lisboa, Júlio estudió bellas artes en Lisboa y en Oporto antes de mudarse a París en 1963. Allí vivió veinte años. También es el autor de paneles de azulejos modernos que se pueden admirar especialmente en la estación de metro Alto dos Moinhos y en la avenida Infante Santo. Júlio Pomar también es conocido por su activismo político y su compromiso de lucha contra el *Estado Novo* del dictador Salazar.

EL PALACIO OLVIDADO DE LOS ALMADA-CARVALHAIS

4

Largo do Conde Barão, 48-57
- Abierto al público
- Autobús: nºs 9 y 727

> *Un monumento nacional abandonado*

En la Plaza del Conde Barão, justo después de la Rua das Gaivotas, hay un edificio cuyo portal de entrada nace de un pequeño ángulo que se produce en el alineamiento urbano. En este trozo de fachada de este edificio del siglo XVIII con aires de palacio destaca una pequeña de torre de sillar. Su ventana de contornos redondeados, situada sobre la pesada puerta de entrada, está coronada por un escudo de los Almada-Carvalhaus, apellido formado de la unión de las dos familias. En el siglo XVI, este edificio pertenecía al gobernador de la Casa de la India, D. Rui Fernandes Almada, que lo mandó construir hacia 1545. Aunque está abandonado y deteriorado, ha sido declarado monumento nacional.

El primer detalle de interés del edificio es su ubicación: el primer propietario mandó construir su casa a orillas del Tajo y tenía seguramente su muelle privado en la playa que hacía las veces de frontera. La discreta fachada se alza por encima de las otras partes del palacio de una sola planta, como una torre de reminiscencia señorial, y habría tenido almenas piramidales.

A la derecha, nada más entrar, una preciosa arcada rota desemboca en un delicioso claustro renacentista al final del cual está la escalera principal del palacio. Tras pasar la rampa de entrada, las partes abovedadas del pasadizo que descansan sobre unos bonitos pilares desnudos están revestidas de extraños azulejos del siglo XVIII. Se sabe que desde aquí se entraba a las cocinas del palacio y que esta parte formaba un jardín, del que no queda nada. El jardín estaba adornado con algunas estatuas, con azulejos, entre los cuales algunos eran de tipo Bacalhoa, de Azeitão, ciudad en las que los Carvalhas tenían una casa que desapareció con el último miembro de la familia.

Se sube a las plantas superiores del palacio por una escalera monumental en la que aún se pueden ver vestigios de una pintura mural en trampantojo de la segunda mitad del siglo XVIII. Las plantas superiores han sufrido sucesivamente profundas reformas. Las reformas del siglo XVIII, para arreglar los daños causados por el terremoto de 1755, incluyeron efectivamente la reconstrucción de las fachadas que dan a la calle, algunos cambios estructurales en el interior y la decoración de todas las estancias con paneles de azulejos y techos de madera pintados, la mayoría de los cuales siguen estando visibles. Constituyen buena parte de la riqueza y del valor artístico del edificio.

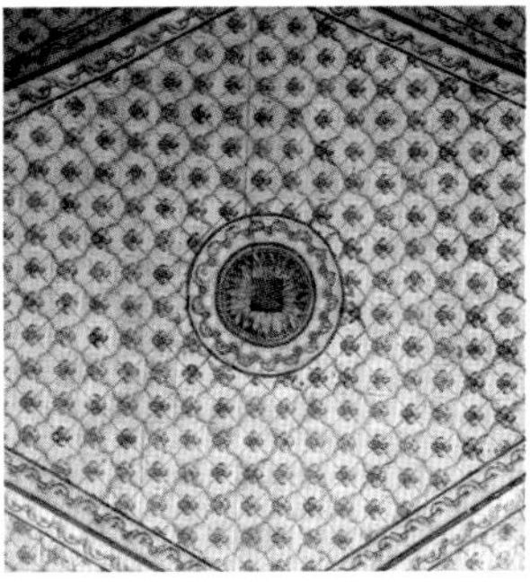

LA ESCULTURA DE *ADAMASTOR* 5

Mirador del Alto de Santa Catarina

En el Alto de Santa Catarina, hay una extraña estatua, obra de Júlio Vaz Júnior, que data de 1927 y cuyo significado es desconocido para muchos.

> ***Un símbolo de las supersticiones de algunos sebastianistas***

Representa a *Adamastor*, un ser mítico monstruoso inventado por Luís de Camões en *Los Lusiadas*. *Adamastor* era un dios marino aterrador que vivía cerca del cabo Bojador, en la costa del sur de África, y que engullía los navíos que se le acercaban. Era una especie de «coco» inventado por la marina portuguesa en el siglo XV para evitar que los marinos supersticiosos de otros países la siguieran por las rutas marítimas que frecuentaba y que sólo ella conocía. Fernando Pessoa lo llamó *Mostrengo* (monstruo) en su *Messagem*.

SANTA CATARINA: EL MIRADOR DE LOS EXTRAVIADOS

«Ver los navíos desde lo alto de Santa Catarina» es una expresión popular portuguesa del siglo XIX. En 1807, durante las invasiones francesas, el pueblo, desmoralizado, se quedó en la cima de Santa Catarina mirando los barcos alejarse del estuario del Tajo, llevando consigo a la familia real y a la corte a Brasil. Con un país desamparado y abandonado en la desesperanza, muchos no encontraron otra salida que volverse hacia las profecías de *Bandarra*, aprobadas por la autoridad teológica del padre Antonio Vieira. Durante esta época el Alto de Santa Catarina, cerca de la Calçada do Combro, se convirtió en un curioso refugio para los sebastianistas lunáticos (véase pág. 116) que se reunían aquí, en una especie de *new age* urbano, sin discernimiento ni organización, con catalejos mirando hacia el estuario del Tajo, intentando ver la llegada del navío del deseado rey Don Sebastián, ignorando si vendría de África, Brasil o de cualquier isla escondida del océano. Aunque esta costumbre se ha ido desvaneciendo, aún permanece viva. De aquí proviene el llamado *sebastianismo rojo*, una tendencia política basada en todo tipo de profecías que ven símbolos y signos en todo lo que es social e inmediato, con incoherencia y absurdidad, que se convirtió en la vertiente más conocido de este milenarismo real.

Sin embargo, también existe un *sebastianismo blanco*, muy distinto del anterior, por ser ilustrado y dar un significado metafísico al mismo. Socialmente, y a pesar de ser más coherente, representa el aspecto menos conocido del milenarismo portugués (véase pág. 116).

PALACIO DEL MARQUÉS DE POMBAL

6

Rua de O Século, 79, en el Bairro Alto
El palacio es la sede de un colectivo y de una galería de arte. Tiene un simpático café en el jardín. Atención: la planta de arriba no siempre está abierta al público

- Horario: de miércoles a sábado de 13 a 19 h
- Autobús: nº 92

"*Un palacio tan rico como desconocido*

El magnífico palacio del marqués de Pombal, o Palácio dos Carvalhos, es uno de los lugares poco conocidos por los lisboetas, aunque una placa conmemorativa indica en la entrada que "en esta casa nació, el 13 de mayo de 1699, Sebastião José de Carvalho e Melo, el marqués de Pombal", quien mandó restaurar y ampliar el palacio hacia 1770.

Encima de las ventanas situadas sobre las pesadas puertas se puede ver el escudo de armas de los Carvalho e Melo (una estrella de ocho puntas rodeada de cuatro medialunas), adornado con la corona del marqués. Se sube a la planta noble por una amplia escalera de piedra que tiene cuatro esculturas de mármol que representan a Venus y a Hércules, y dos blasones con el escudo de los Carvalhos y la corona del marqués, sujetados por un león. El techo de la escalera tiene una impresionante decoración de estuco, una obra de João Grossi, alegoría de la muerte y del amor.

La planta noble está formada por una sucesión de salas comunicadas entre sí, como el salón noble (Salão Nobre) que da al jardín y no a la calle. Los techos de todas las salas tienen decoraciones de estuco que ilustran escenas mitológicas. Los paneles de azulejos también describen episodios mitológicos, así como paisajes rurales y marítimos y motivos de inspiración militar y heráldica (trofeos de armas). En el salón noble, el visitante descubre un pequeño auditorio cuadrado cuyos tragaluces y muros están totalmente revestidos de decoraciones de estuco que incluyen medallones de la Sagrada Familia, san Antonio y el Niño Jesús. Encima del altar hay un lienzo de Nuestra Señora de las Mercedes presenciando la entrada de las almas al Paraíso guiadas por san Francisco de Asís.

En la planta baja, a la que se entra por el nº 79, los paneles de azulejos decorativos, *albarradas* (representan jarrones y flores), *padrão*, típicos de los pequeños palacios, o incluso *figuras avulsas* y sus motivos muy variados, merecen una mención particular. La antigua cocina del siglo XVII, también en la planta baja, sirve hoy de trastero.

CAGLIOSTRO EN EL PALACIO SOBRAL

7

Largo do Calhariz, al principio de la Calçada do Combro

El lugar donde se tocó la Flauta Mágica de Mozart para Cagliostro

La presencia de Alejandro Cagliostro (véase a continuación), conde de Fenix, en Lisboa es prácticamente desconocida. Tuvo un papel importantísimo en la masonería lusitana. Tras viajar desde Roma a Santiago de Compostela, Cagliostro llegó a Lisboa el 25 de abril de 1787, acompañado por su esposa Serafina Feliciani. Se instaló en el *Café Central* de la rua de Remolares, cerca de Cais do Sodré. Invitados por los hermanos Sobrais, la pareja se instaló en el palacio Sobral, que Joaquim Inácio da Cruz Sobral, cuya familia estaba muy unida al marqués de Pombal, adquirió tras hacer fortuna en Salvador de Bahía, Brasil, gracias a su hermano José Francisco da Cruz, quien le había iniciado en los negocios. Las fiestas y reuniones literarias celebradas en el palacio Sobral son memorables. Es en este ambiente iluminado donde Cagliostro se dio a conocer. Un poco más tarde, en 1788, llegó el también ilustre conde de Saint-Germain, adepto rosacruz, y su esposa Lorenza Feliciani, acompañando a una delegación de la embajada de Venecia en Lisboa. Fue en este palacio donde Cagliostro y Serafina iniciaron a Joaquim Inácio da Cruz Sobral y a su hermana, Ana Joaquina da Cunha Sobral, en los misterios de la Masonería Egipcia. El 2 de agosto de 1887, el marqués de Sousa Holstein, último propietario del palacio, lo vendió a la *Caixa Geral de Depósitos* (Caja General de Depósitos). Poco después se declaró un incendio que provocó la destrucción casi total del edificio, razón por la que este banco sólo pudo ocuparlo a partir del 15 de febrero de 1947, tras renovarlo completamente.

LOS MISTERIOS EGIPCIOS REPRODUCIDOS EN LA *FLAUTA MÁGICA*

Fue en los lujosos salones del palacio Sobral donde se tocó por primera vez en Portugal (hacia 1793) la *Flauta Mágica* de Mozart, dedicada a su maestro *Sarastro*, es decir, Cagliostro, quien poco tiempo atrás residió en este palacio. El nombre de *Sarastro* significa «quinto astro» (Venus) y aparece con esta grafía en el libreto de la *Flauta Mágica*, así como el nombre de Hierofante de los Misterios Egipcios que esta obra reproduce musicalmente de forma magistral. Wolfgang Amadeus Mozart recibió estos conocimientos iniciáticos del propio Cagliostro, tras iniciarse en la Logia masónica «La Beneficencia» de Viena, Austria, el 14 de diciembre de 1784. La *Flauta Mágica* se representó por primera vez el 30 de septiembre de 1791, también en Viena.

CAGLIOSTRO, UN OCULTISTA QUE INSPIRÓ A MOZART, A GOETHE Y A ALEJANDRO DUMAS

Ocultista, alquimista y terapeuta, Alessandro Cagliostro nació en Palermo en 1743 y falleció en Roma en 1795. La versión tradicional de su biografía le asocia con Giuseppe Balsamo, un personaje del que se sabe muy poco, salvo que fue viajero y alquimista, y que pasó su infancia en el monasterio de Caltagirone en Sicilia. Se le atribuyen como padres adoptivos al matrimonio Tavernay, nobles franceses, y como padre biológico al cardenal Emmanuel de Rohan, Maestre de la Orden de Malta, quien le habría concebido en un momento de flaqueza con la marquesa de Tavernay, abandonándole inmediatamente. Siendo aún niño, Cagliostro habría sido llevado a Egipto donde fue educado en un monasterio de la iglesia Copta, entrando en contacto con los Maestros Espirituales del lugar. De ahí se habría dirigido a la India y al Tíbet. Regresó a Europa pasando por el Medio Oriente. Estuvo en Egipto, Arabia, Persia, Rodas y Malta. En Messina o Rodas entró en contacto con el conde de Saint-Germain, quien le inició en los misterios de la Tradición Hermética. En Malta frecuentó la corte del portugués Manuel Pinto, nuevo Gran Maestre de la Orden Militar de los Caballeros de San Juan de Malta. Gracias a la influencia maltesa, llegó a Roma siendo conde y frecuentó las mejores familias italianas. Fue en Roma donde conoció a Serafina Feliciani, con la que se casó. La pareja recorrió Europa del sur antes de instalarse en Londres en 1771. En 1772, Cagliostro y su mujer se instalaron en Francia. Ya eran célebres por ser benefactores de los pobres, terapeutas de los infelices y maestros prodigiosos de la Ciencia Sagrada. En Lyon, Cagliostro fundó la primera logia de su masonería andrógina, copta o egipcia, que divulgó por toda Francia, Inglaterra, Alemania, Holanda, Polonia y Rusia con mucho éxito gracias a su enorme carisma y a sus vastos conocimientos ocultos que le abrieron las puertas de todas las cortes europeas, en especial, la del rey Luis XVI de Francia, a quien alertó de la Revolución que estaba a punto de estallar y del peligro que corría la familia real. En 1785 se vio implicado en el famoso asunto del collar de la reina María Antonieta siendo acusado de su robo. Fue encerrado en la Bastilla, donde escribió sus memorias. La policía de París acabó por demostrar que era inocente y fue puesto en libertad. Regresó a Roma para dirigirse a la península ibérica, primero a Santiago de Compostela -Galicia- y luego a Portugal, llegando a Lisboa el 25 de abril de 1787. Desde Lisboa regresó a Londres y en 1789 a Roma, donde la Inquisición le detuvo acusándole de herejía. Condenado a muerte en 1791, su pena fue conmutada por la cadena perpetua en el castillo de San Leo, en Roma. Dicen que murió de enfermedad y malos tratos en 1795. Pero también cuentan que lo sacaron en secreto de la prisión y que le enviaron a América del Norte acompañado de su mujer, de quien se dice también que fue condenada a una pena de reclusión perpetua en un convento de religiosas en algún lugar de Italia. Sin embargo estas afirmaciones sólo provienen de documentos de jesuitas. Cagliostro fue, junto al conde de Saint-Germain, uno de los personajes más extraordinarios del siglo XVIII, hasta tal punto que Mozart le dedicó su obra musical *La Flauta Mágica* (1768), que Goethe se inspiró en él para crear su drama *Der Grosskophta* (1792) mientras que Alejandro Dumas lo puso en primer plano en su novela *Memorias de un médico* (1846).

PALÁCIO DO MANTEIGUEIRO

8

Rua da Horta Seca, 15
Posibilidad de visitarlo preguntando en el palacio
Metro: Chiado

Las bellezas escondidas de un auténtico tacaño

El *Palácio do Manteigueiro* (palacio del mantequero), o *Palácio Condeixa*, hoy sede del Ministerio de Energía, está unido con la *rua das Chagas* (calle de las Llagas) por un portal que da a un corredor que va hasta el jardín situado detrás del edificio.

Originalmente, sólo tenía una planta abuhardillada y dos plantas bajas del lado de la rua da Emenda, aprovechando la pendiente. Las tres plantas superiores son posteriores. En el exterior, puede admirar el trabajo en piedra de sillería de las ventanas del balcón de la planta noble, destacando la ventana central con el escudo de armas del vizconde de Condeixa. También son interesantes el portal principal, el patio, la plaza cubierta de rombos de mármol blanco y negro así como la maravillosa escalera noble, hoy despojada de su antigua decoración, y la capilla de la primera planta, con ricas obras en madera esculpida y una hermosa cúpula.

En el pasado, el interior era muy lujoso: las puertas, en madera de Brasil, estaban tapizadas de damasco, los techos fueron pintados por Pedro Alexandrino (1730-1810) y los espejos eran de cristal con marcos dorados con oro puro «proveniente de objetos en oro derretidos».

Según parece Manuel Caetano de Sousa fue el autor del proyecto del palacio cuyo origen remonta a 1787. Domingos Mendes Dias, originario de la región de Trás-os-Montes, lo mandó construir.

DOMINGOS MENDES DIAS, UN AUTÉNTICO TACAÑO

Domingos Mendes Dias era un personaje curioso. Se fugó de la casa de sus padres para venir a Lisboa donde trabajó como porteador de agua y aprendiz vendedor. Envuelto en asuntos turbios relacionados con la expulsión de los jesuitas del reino, acabó haciéndose rico. Tras el terremoto de 1755, emigró a Brasil donde se hizo aún más rico y fue incluso ennoblecido. El nombre del palacio viene de su condición como mercader de mantequilla al por mayor. Aún siendo extremadamente rico, Domingos Mendes Dias era un auténtico tacaño. Vivía solo, con una vieja sirvienta, y cuentan que se hacía servir la cena en el cajón de su escritorio para poder cerrarlo cuando llegaban visitantes inesperados. Una de sus diversiones consistía en «hacer cartuchos de cien monedas de oro». Tras quedar malherido durante un intento de robo, murió de gangrena al no querer gastarse el dinero en medicinas. Tras su muerte, el palacio tuvo nuevos propietarios: en 1836, fue la sede de la *Assembleia lisbonense* de los partidarios de la *Carta Constitucional*.

SEBASTIANISMO Y MESIANISMO

El mesianismo es, estrictamente hablando, la creencia profética de la llegada o regreso universal de un enviado divino liberador, el Mesías (*Mashiah* en hebreo, *Christos* en griego y *Avatara* en hindú).

El sebastianismo es un movimiento místico de apariencia patriótica que tomó forma en la segunda mitad del siglo XVI, tras la desaparición de Don Sebastián en la batalla de Alcazarquivir en 1578 (véase pág. 95). Al no haber herederos, el trono portugués cayó en manos del rey Felipe II, la rama española de la Casa de los Habsburgo. El sebastianismo portugués viene a ser el mesianismo ibérico adaptado a las dramáticas condiciones lusas, traduciendo su rechazo por la situación política establecida y la esperanza de salvación, seguramente milagrosa: según la creencia común, iba a llegar un rey encubierto (*encoberto*) que esperaba en algún lugar el momento oportuno para regresar a Portugal, recuperar el trono y expulsar a los ocupantes españoles.

El divulgador más popular del sebastianismo fue el zapatero de la ciudad de Trancoso, Gonçalo Anes, apodado *Bandarra* (1500-1556), que profetizó en versos el regreso del Rey Deseado (como también se denominaba a Don Sebastián). Sin embargo, el principal intelectual que se unió al movimiento sebastianista fue el padre Antonio Vieira (1608-1697) (véase pág. 64) que desarrolló profusamente el tema. Finalmente, el poeta portugués Fernando Pessoa (1888-1935), en su libro de poemas patrióticos *Mensagem*, hizo la reinterpretación apológica de la historia de Portugal desde un punto de vista sebastianista, buscando unir el pasado heroico y el futuro espiritual del país. De este modo, el sebastianismo, creencia en el retorno de Don Sebastián desaparecido, se unió al mesianismo ya existente, añadiendo la hagiografía de San Sebastián mártir.

MESIANISMO Y QUINTO IMPERIO

Hay quien da un significado más amplio a la idea del Mesías destinado a toda la humanidad, inaugurador de un nuevo ciclo de evolución a escala planetaria. Se manifestará por actitudes movidas por el sentimiento de ser «elegido» o «llamado» para el cumplimiento de una tarea «sagrada». En tiempos de D. Juan V ésto llevó a diferenciar la Nueva Iglesia Patriarcal de Lisboa -representante del futuro- de la Vieja Iglesia Episcopal de Roma, -representante del pasado-. Nos encontramos de nuevo con el tema de la *Translatio Imperii* y del futuro Quinto Imperio (véanse pág. 62).

EL FADO: ¿LA IDENTIDAD PORTUGUESA RELACIONADA CON EL SEBASTIANISMO?

En sus conceptos filosóficos, Fernando Pessoa unió elementos de la Teosofía con la idea de Destino o *Fado* (*fatum*, en latín) para convertir el sebastianismo mesiánico en una característica propia de la identidad cultural portuguesa.

LAS TUMBAS DE LOS SEBASTIANISTAS

9

Iglesia de São Roque
Largo Trindade Coelho
• Horario: de lunes a sábado de 10 a 18 h
• Metro: Baixa-Chiado

"Místicos que creían en el regreso del rey Sebastián

La monumental iglesia de S. Roque, edificada a finales del siglo XVI según los planos del arquitecto Felipe Terzi en el lugar donde estaba desde 1506 la ermita del mismo nombre, fue cedida a los jesuitas por D. Juan III. Magnífica desde un punto de vista artístico, tiene un pasado fuertemente marcado por la presencia de sebastianistas iluminados -mezcla de profetas, visionarios y santos-, tal y como lo demuestran las reliquias milagrosas del altar lateral que éstos veneraban.

Algunos jesuitas iluminados propagaron los mitos milenaristas del advenimiento del Quinto Imperio (véase pág. 62), como es el caso del padre Antonio Vieira que predicó aquí mismo su famoso *Sermão das 40 horas* (Sermón de las 40 horas), revelando así parte de sus teorías.

En los siglos XVI y XVII aparecieron numerosos profetas populares, llamados *bandarras*, zapateros tradicionales dotados de un don de profecía sobre el pasado, el presente y el futuro. Uno de estos *bandarras*, Simão Gomes, está enterrado en la iglesia, delante del altar de la Virgen. Durante el reinado de D. Sebastián, siendo miembro del consejo de Estado, profirió profecías que, al cumplirse, fueron de gran utilidad política. Murió en octubre de 1576, en olor de santidad.

En el centro del lado izquierdo del edificio se halla la sepultura de otro sebastianista, D. Francisco Tregian, que falleció el 25 de diciembre de 1608 con una gran reputación de santidad, y que a pesar de ser inglés había adoptado Lisboa como su nueva patria.

La vocación espiritual de estos personajes se integra perfectamente en el simbolismo iconológico de S. Roque, representado como un peregrino acompañado por un perro y mostrando su rodilla. El peregrino representa a todo el que busca el conocimiento, que recorre un camino iniciático de saberes que irá descubriendo en varias etapas. El perro es el animal guía del sabio, el compañero del adepto que le protege en el camino que ha elegido. Enseñar la rodilla izquierda es una señal inequívoca de la iniciación, una iniciación relacionada con la rótula del compás que traza los planos de la casa de Dios. Enseñar la rodilla es llamar la atención del que sabe sobre el que enseña.

LOS SÍMBOLOS DE LA TUMBA DEL REY D. FERNANDO I

10

Museo arqueológico del convento do Carmo
Largo do Carmo
• Horario: de lunes a sábado de 10 a 17 h

"*Un rey en una tumba alquímica*"

Dañada por el seísmo de 1755 que derrumbó el edificio, la tumba gótica del rey D. Fernando I (1345-1383) se encuentra en el Museo Arqueológico de la ciudad. En ella se pueden observar, además de las armas de Portugal y de la familia Manuel, que le venían de su madre Dña. Constança Manuel, un conjunto de elementos de profundo significado en el simbolismo hermético.

D. Fernando I falleció en Lisboa el 23 de octubre de 1383. Dejó instrucciones para ser enterrado junto a su madre en el convento de S. Francisco, en Santarém, vestido con el hábito franciscano. Sin embargo, su mortaja permaneció aquí, en el antiguo convento do Carmo, fundado en 1389 por el santo condestable D. Nuno Álvares Pereira y posteriormente transformado en museo.

La afinidad y proximidad del rey con los Beguinos* explica la presencia de elementos ligados a ellos en esta obra funeraria que sin embargo se encuentra en la Casa de los Carmelitas. A un lado de la tumba, se relata el episodio de la Iluminación de San francisco de Asís en el monte Alverna recibiendo los estigmas del Señor. A su lado, un monasterio y una escalera en la que un monje reza, señal de adoración, fe y obediencia a la Regla de la Orden Franciscana.

Al otro lado de la tumba, observará un curioso personaje sentado, con un libro a sus pies, que mira atentamente un jarrón situado delante de él. Al fondo, hay otros recipientes sobre dos estanterías situadas a ambos lados del personaje. Es la configuración del laboratorio (*labor oratorium)* alquímico. Debajo, a los lados, las efigies de un monje y una dama (tal vez la madre de D. Fernando) simbolizan, en este contexto, la pareja hermética y la unión de los contrarios, indispensable en la realización de la gran obra alquímica.

En la base de la tumba, dos grifos con los cuellos entrelazados simbolizan el *Rebis* alquímico, que recuerda de nuevo la necesaria unión de los contrarios para la realización de la Piedra Filosofal, alegoría de la Iluminación Espiritual que acompaña a la fabricación del oro filosófico.

A diferencia del rey D. Alfonso V, nada hace suponer que D. Fernando I fuera alquimista, aunque conociera a algunos de ellos.

* Beguinos: franciscanos (a veces dominicos), denominados *espirituales*, que profesaban la pureza original del cristianismo, a la cual unían conceptos herméticos, normalmente procedentes de la alquimia, considerada por ellos como *el camino de la perfección*.

LOS AZULEJOS MASÓNICOS DE LA CERVECERÍA TRINDADE

11

Rua Nova da Trindade, 20 C
• Horario: todos los días de 10 a 00 h
• Metro: Baixa-Chiado

"*Manuel Garcia Moreira, maestro masón de tercer grado*

El refectorio y una parte del claustro del antiguo convento de los Trinitarios de Lisboa son, en la actualidad, la *Cervejaria Trindade* (cervecería de la Trinidad), uno de los restaurantes más distinguidos de la ciudad. En cuanto uno entra, ve de inmediato sobre las paredes una serie de paneles de azulejos policromos cuya temática está claramente inspirada en la masonería.

Son obra del pintor Luís Ferreira, director artístico de la *Fábrica Viúva de Lamego* (véase pág. 249), más conocido como el *Ferreira das Tabuletas* (Ferreira de los Letreros) (1807-1870), que dejó en este lugar un raro ejemplo de su estilo ingenuo y popular de colores saturados con fuertes contrastes cromáticos, inscritos en falsos nichos arquitectónicos, parecidos a los nichos de las estatuas y que imita la pintura en trampantojo.

El gallego Manuel Garcia Moreira encargó estos paneles al artista tras comprar, en 1836, el edificio del antiguo convento de la Trinidad a Joaquim Peres, quien lo compró en 1835 tras salir a subasta pública en 1834. Masón convencido, Garcia Moreira encargó los azulejos del jardín, de la fachada lateral del edificio y del interior del antiguo refectorio del convento. La *cabeza de león* que se ve profusamente en todo el conjunto es el símbolo que representa el tercer grado de maestro, revelando así su verdadera posición en la jerarquía masónica. Del mismo grado, la *garra del león* o *garra del masón* simboliza la resurrección de Hiram Abiff, arquitecto fenicio del templo del rey Salomón en Jerusalén.

En los falsos nichos se observan otros símbolos masones, como las representaciones alegóricas del Delta Resplandeciente con el Ojo del Supremo Arquitecto (véase página anterior) inscrito en un sol radiante. En otro panel está la diosa *Concordia* con una varita en la mano, entregando una rama de olivo a una paloma, símbolo de la Concordia (Fraternidad universal). También está la columna de la *Fuerza* o *Bohaz*, presente en el Templo de Salomón y adoptada por el simbolismo masón, que sujeta una mujer sentada (pasiva) con una cabeza de león a sus pies saliendo de las nubes, alegoría del propio Garcia Moreira.

NO VI CENTENARIO
DO NASCIMENTO
DO
SANTO CONDESTAVEL

LA ESPADA MÁGICA DEL SANTO CONDESTABLE

12

Claustro del convento do Carmo
Largo do Carmo
• Horario: de lunes a sábado de 10 h a 18 h
• Metro: Baixa-Chiado

Una espada inspirada en Excalibur, la espada del mítico rey Arturo

En el claustro en ruinas del *Convento do Carmo* (Convento del Carmelo) se puede ver la curiosa espada (existe otra idéntica en Sertã, sobre la puerta lateral de la capilla de Nossa Senhora dos Remédios) de D. Nuno Álvares Pereira, aunque dicen que la verdadera se encuentra en el Museo Militar de Lisboa, cerca de Santa Apolónia.

La espada de hoja recta y afilada, con empuñadura de cobre y cubierta con hilo de cobre, mide tres pulgadas en su parte más ancha disminuyendo progresivamente hacia la punta. En uno de los lados de la hoja se lee la siguiente inscripción: «*Excelsus super omnes gentes Dominicus*» (*Por encima de los hombres Dios Excelso*). En el otro lado, está grabado el nombre de *María*, y dentro de un círculo, las palabras «*Dom Nuno Álvaro*», así como la cruz entrelazada de flores, como contramarca. Las aperturas de la hoja aparte de decorar servían para que la espada fuera más ligera y más fácil de manejar. Si bien estos grabados recuerdan a las runas (caracteres de la escritura primitiva de los *Eddas* nórdicos), en la práctica servían para que las láminas de los adversarios se engancharan en ellos y con un hábil golpe dejarles rápidamente desarmados. Esta espada pertenecía al Santo Condestable D. Nuno Álvares Pereira (1360-1431). Desde joven estuvo tremendamente influenciado por la mística de los Caballeros de la Mesa Redonda y su búsqueda del Santo Grial, la Copa Sagrada, símbolo de la Iluminación por la gracia del Espíritu Santo. Adulto, ingresó en la vida militar y destacó como valiente defensor del reino. Quiso tener una espada mágica como *Excalibur*, la del mítico rey Arturo, por lo que llevó su vieja espada a Fernão Vaz, armero de Santarém. Éste se la devolvió totalmente renovada sin cobrarle nada por el trabajo, diciéndole, en tono profético, que le pagaría cuando fuera nombrado conde de Ourém. Cuando esto ocurrió, D. Nuno retribuyó generosamente al armero, mitad herrero, alquimista y profeta. D. Nuno Álvares Pereira levantó su *Excalibur* bendecida hacia el cielo para invocar sus poderes, salvando así la independencia de Portugal, amenazada por Castilla. Luego, la dejó caer dibujando la señal de la cruz. Ingresó en la orden de los carmelitas hasta el final de sus días llevando una vida ejemplar de monje-caballero.

Un lado de la hoja muestra la marca del Condestable -una cruz y una estrella-.

LA ORDEN DEL CARMELO: UNA ORDEN INFLUENCIADA POR EL HERMETISMO

La Orden del Carmelo, originariamente denominada Orden de los Hermanos de la Bienaventurada Virgen María del Monte Carmelo, fue constituida en 1206-1214 por un grupo de laicos latinos, seguramente antiguos cruzados, liderados por un tal B, posteriormente identificado como Brocardo. Vivían en la región del Monte Carmelo, una cordillera cercana a la ciudad de Haifa, antigua Porfiria, en el actual estado de Israel.

La palabra *Carmel* significa «jardín». En este monte, un grupo de cristianos vivían como ermitaños siguiendo la tradición bíblica del profeta Elías, que en el pasado, se había retirado a una cueva para llevar una vida eremítica de oración y silencio. Posteriormente estos penitentes cristianos solicitaron una regla de vida a San Alberto, patriarca latino de Jerusalén, que les atendió y reunió en una orden eremítica centrada en Cristo. La Regla Carmelita fue aprobada por el papa Honorio III en 1226. Los monjes tuvieron que regresar a Europa occidental donde empezaron a extender la *Hiperdulía*, es decir, el culto y la veneración a Nuestra Señora, convirtiéndose, de golpe, en la primera orden religiosa mariana de Europa.

A principios del siglo XIV, los carmelitas llegaron a Portugal, estableciéndose en Moura, en el Alentejo. El Santo Condestable Nuno Álvares Pereira fraternizó enseguida con ellos debido a su gran devoción por la Virgen María y mandó construir en Lisboa el convento del Carmelo para alojar a los hermanos. Él mismo ingresó en el convento en los últimos años de su vida, como hermano penitente de la Orden del Carmelo de la Antigua Observancia, su rama más antigua.

Más tarde, en 1593, se fundó la Orden de los Carmelitas Descalzos resultante de la reforma llevada a cabo por Santa Teresa de Ávila y San Juan de la Cruz.

Los carmelitas no escaparon a la influencia de la tradición hermética, como señalan algunos sucesos históricos: desaprobaron la conducta del papa Clemente V (asesino moral de la Orden del Temple), apoyaron la elección de Juan XII autor de la *Bula Sabatina*, y gozaron de la protección de la Orden de los Hospitalarios de San Juan de Acre, futura orden de Malta. Fueron igualmente acusados de confundir la Virgen María con María la egipcia, famosa por un proceso alquímico ligado a su nombre: el de destilar el agua con fuego, es decir, el famoso *baño María*.

En el hoy clausurado convento da Piedade de Cascáis, había dos enormes paneles de azulejos -hoy conservados en el jardín Castro Guimarães-. Uno de ellos demuestra incontestablemente la filiación hermética de los carmelitas al retratar la *Procesión Triunfal* con la Virgen María en Gloria sentada en un carro, con los arcángeles San Miguel y San Gabriel, asociados al Sol y a la Luna, delante, y detrás, el cortejo de los Hijos de María, es decir, de los adeptos a la alquimia, una ciencia del Espíritu Santo: San Antonio, Santa Isabel de Portugal, Santa Isabel de Hungría, San Alberto el Grande, Raimundo Lúlio, Arnaldo de Vilanova, etc. Unos ángeles sobrevuelan este conjunto, cada uno con una señal identificativa del hermetismo carmelita, cuyas armas rematan la obra.

LA EXTRAÑA HISTORIA DEL BRAÇO DE PRATA (BRAZO DE PLATA)

En Moscavide, pegada a la Quinta do Cabeço, está la *Quinta do Candeeiro* (Candelabro), antiguo convento de las carmelitas descalzas que se refugiaron aquí tras huir en 1834 del convento da Estrela, anexo a la basílica, en Lisboa. En su huida, las religiosas llevaron consigo una curiosa reliquia del siglo XVII: el brazo derecho de Santa Teresa de Ávila metido en un relicario de plata. El culto a esta reliquia fue tan grande que su memoria aún perdura en la toponimia local: la estación de ferrocarriles del *Braço da Prata* es la antigua parada de los peregrinos del Ribatejo que iban a venerarla a Olivais. Hacia 1930, los carmelitas de Candeeiro regalaron el relicario sagrado a la familia del Generalísimo Franco que se lo llevó a Ávila. Desde entonces el culto ha cesado pero su memoria perdura en el nombre de *Braço de Prata*.

LA PUERTA REAL DEL CONVENTO DE NUESTRA SEÑORA DE LA VICTORIA DEL MONTE CARMELO

13

Largo do Carmo
Exterior lateral del convento

Una puerta y una escalera completamente olvidadas

Saliendo del ascensor de Santa Justa hacia el Largo do Carmo, casi nadie se fija en la curiosa puerta lateral tapiada, a la derecha del convento, ni en la hermosa escalera situada delante, que tampoco lleva a ninguna parte. Sin embargo tienen una importancia histórica nada trivial.

El convento de Nuestra Señora de la Victoria del Monte Carmelo está enfrente de la colina del castillo de S. Jorge, en cuyas vertientes se encontraban el palacio real y la catedral de la Sé. Entre ambas colinas, el campo del Rossio, llamado *Valverde* en los siglos XIV y XV. En 1389, tras abandonar la vida militar, el Santo Condestable D. Nuno Álvares Pereira mandó construir este convento para dedicarse a la vida religiosa. D. Nuno deseaba erigir el convento en este preciso lugar de Lisboa, a pesar de las dificultades técnicas existentes para poder consolidar este terreno muy escarpado y establecer los cimientos de la cabecera de la iglesia. Cuando los cimentos cedieron por segunda vez, D. Nuno juró hacerlos de bronce si volvían a ceder. Para el tercer intento contrató a los arquitectos más prestigiosos de Lisboa: Afonso, Gonçalo y Rodrigo Eanes. Contrató también a los maestros albañiles Lourenço Gonçalves, Estevão Vasques, Lourenço Afonso y João Lourenço así como a los obreros y amasadores de cal, una tarea especializada que se encomendó a los judíos Judas Acarron y Benjamim Zagas. A medida que se iban venciendo obstáculos iban surgiendo otros pero se logró construir el edificio que se convirtió en el edificio gótico más notable de su época.

El palacio real y el convento estaban el uno de frente al otro y para ir de uno a otro se utilizaba esta *porta real* (puerta real) gótica, situada en el lateral de la puerta principal, razón por la que fue decorada con flores de lis (véase pág. 24), símbolo de la realeza oficialmente adoptado por D. Juan I, fundador de la dinastía Avis y cuyo padrino fue el Santo Condestable D. Nuno Álvares Pereira, conocido como fray Nuno de Santa María.

Junta a esta puerta se pueden ver inscripciones sobre las piedras del suelo con dibujos de peces, animales y pájaros, así como la parte de la escalera que subía al campo de Valverde y al palacio real y que se salvaron del terrible seísmo de 1755.

LA ESTRELLA DE CINCO PUNTAS DE LOS GRANDES ALMACENES GRANDELLA

14

Rua do Carmo
• Metro: Baixa-Chiado

Grandella, un antiguo masón muy emprendedor

Esculpido sobre las columnas situadas entre las puertas de los Grandes Almacenes Grandella, el lema de Grandella «*Siempre en el camino recto y continuo*» rodea una estrella de cinco puntas. Se trata de la estrella masónica que Grandella adoptó como emblema personal: de hecho, éste se inició en la masonería bajo el simbólico nombre de *Pilatos* y, en 1910 se afilió a la Logia *José Estevão* de Lisboa.

Desde 1891, los *Armazéns Grandella* (Grandes Almacenes Grandella) llevan el nombre de su propietario, Francisco de Almeida Grandella (1852-1934). Comerciante adinerado, llegó a Lisboa siendo joven e hizo fortuna gracias a sus esfuerzos, a su honesto trabajo y a su agudeza para los negocios.

Tras comprar el primer edificio en 1890, Grandella adquirió en 1903 el edificio de la rua do Carmo, situado detrás de su establecimiento, para construir, tras demolerlo, un nuevo edificio y ampliar así su tienda.

El empresario João Pedro dos Santos, junto con su ingeniero Ângelo de Sárrea Prado, construyó este majestuoso edificio en base a un proyecto del arquitecto francés Georges Demay (quien proyectó los famosos Grandes Almacenes Printemps de París). En abril de 1907, se inauguró finalmente lo que el propietario definió como: «(...) ¡una obra gigantesca, audaz, refinada donde la riqueza, la elegancia, el buen gusto, el reflejo de las luces, de los cristales, de los dorados de los capiteles, de las columnas de mármol recuerdan a los cuentos de hadas, a una leyenda de las Mil y una Noches!». Lisboa tenía «los grandes almacenes más grandes y hermosos de toda la península ibérica».

Los Grandes Almacenes Grandella, de estilo *art nouveau* mezclado con decoraciones portuguesas, abrieron sus puertas al público en 1907. Tras quedar destruidos por un incendio en 1980, la fachada fue restaurada. Estaba rematada por un magnifico reloj en el que dos herreros daban las horas, al lado de las míticas figuras de la *Verdad* y del *Comercio*, las cuales se salvaron del incendio.

EL SIMBOLISMO DEL PENTAGRAMA, LA ESTRELLA DE CINCO PUNTAS

El pentagrama es una estrella de cinco puntas con cinco rectas. En portugués, *pentagrama* significa «una palabra de cinco letras». También representa, en la música, las cinco líneas paralelas que componen la partitura.

Originariamente era el símbolo de la diosa romana *Venus* por lo que quedó asociado a este planeta debido a su órbita que, si se mira desde la Tierra, describe aparentemente una estrella de cinco puntas cada 8 años, tal y como lo señalaba la astronomía ptolemaica.

En la naturaleza el pentagrama es el signo del quinto elemento, el Éter, que ocupa la punta superior, mientras que los otros cuatro elementos -Aire, Fuego, Agua y Tierra- se encuentran en las puntas inferiores.

El pentagrama (o *pentalfa*) es también el símbolo del Infinito: en el pentágono situado en el centro del pentagrama, se puede crear otro pentagrama más pequeño y así sucesivamente.

Posee una simbología múltiple, siempre basada en el número 5 que representa el matrimonio entre lo masculino (el 3) y lo femenino (el 2), simbolizando así la unión de los contrarios, necesaria para la realización espiritual.

Es por esto que en la matemática pitagórica, el pentagrama (emblema de esta institución griega) está relacionado con el *número de oro* (1.618): se compone de un pentágono regular y de cinco triángulos isósceles, el coeficiente entre el lado del triángulo y su base (lado del pentágono) da el *número de oro*. La cábala judía, a través de sus rabinos más eruditos, considera el pentagrama como el símbolo de la voluntad de Dios y de la protección divina.

En el cristianismo es la estrella de Navidad, la del nacimiento de Cristo, que prevé la Resurrección, tanto del espíritu en el cuerpo (nacimiento), como del cuerpo en el espíritu (resurrección).

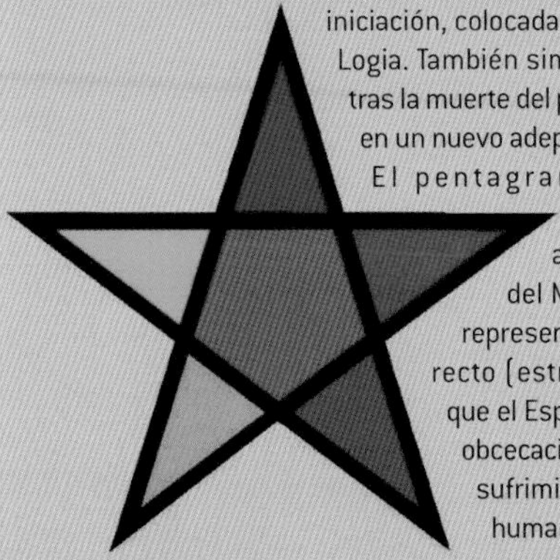

En la masonería, es la Estrella Flamígera de la iniciación, colocada en el lado oriental de la Logia. También simboliza la resurrección, tras la muerte del profano que se convierte en un nuevo adepto.

El pentagrama invertido está generalmente asociado al símbolo del Mal, opuesto al del Bien representado por el pentagrama recto (estrellado): esto significa que el Espíritu se ha sumido en la obcecación de la Materia y en los sufrimientos carnales del alma humana.

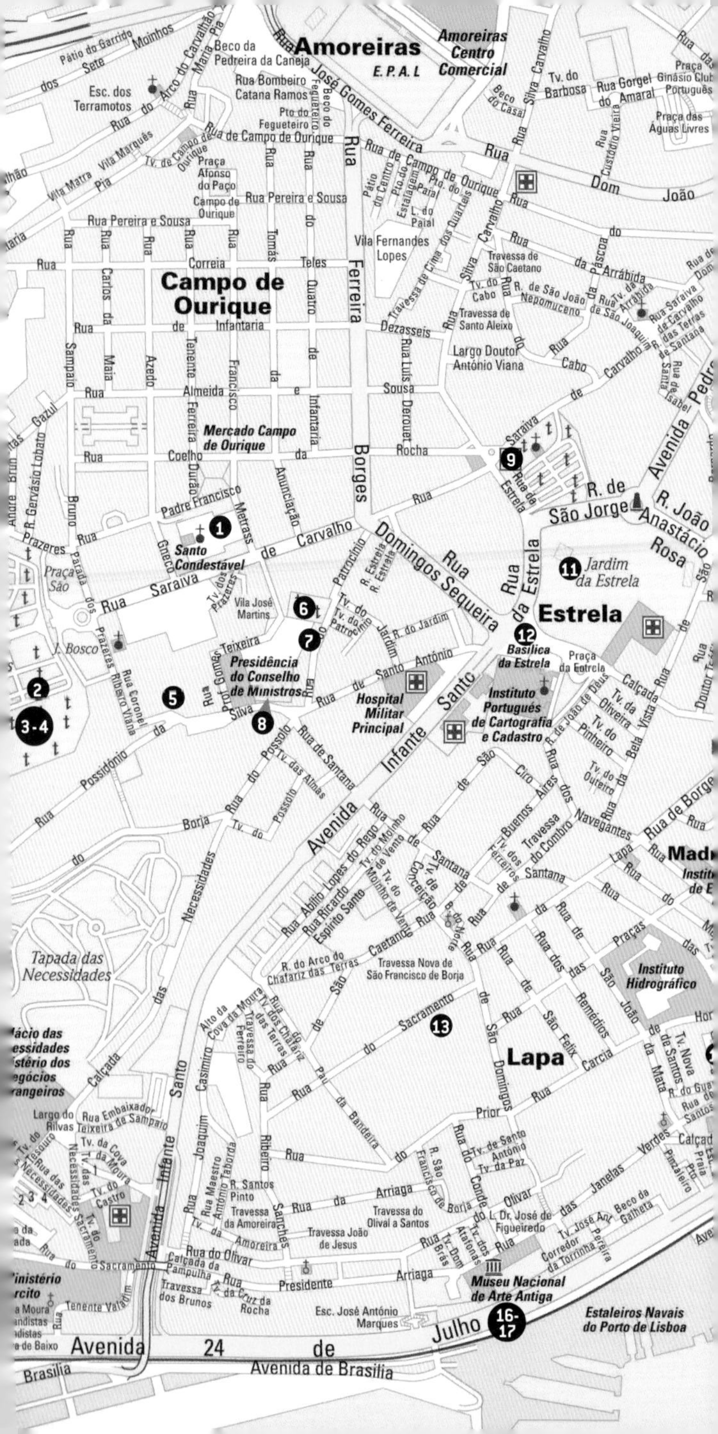

Amoreiras
E.P.A.L
Amoreiras Centro Comercial
Campo de Ourique
Mercado Campo de Ourique
Santo Condestável
Presidência do Conselho de Ministros
Hospital Militar Principal
Instituto Português de Cartografia e Cadastro
Basílica da Estrela
Estrela
Jardim da Estrela
Praça da Estrela
Tapada das Necessidades
Lapa
Instituto Hidrográfico
Museu Nacional de Arte Antiga
Estaleiros Navais do Porto de Lisboa
Avenida 24 de Julho
Avenida de Brasília
Avenida Infante Santo
Rua Domingos Sequeira
Rua da Estrela
Rua Saraiva de Carvalho
Rua Ferreira Borges
Rua de Campo de Ourique
Rua José Gomes Ferreira
Rua Dom João
Rua Pereira e Sousa
Rua Coelho da Rocha
Rua de São Domingos
Rua do Sacramento
Rua das Janelas Verdes
Rua Possidónio da Silva
Calçada das Necessidades
Rua do Prior
Rua São Félix
Rua de São Jorge
Rua João Anastácio Rosa
Avenida Pedro
Rua dos Navegantes
Rua de Buenos Aires
Praça São João Bosco
Esc. dos Terramotos
Esc. José António Marques
Largo Doutor António Viana
Vila Fernandes Lopes
Rua Coronel Ribeiro Viana
Rua do Olival
Rua da Arriaga
Travessa Nova de São Francisco de Borja
Rua Abílio Lopes do Rego
1
2
3-4
5
6
7
8
9
11
12
13
16-17

LAPA - MADRAGOA ESTRELA CAMPO DE OURIQUE

LA EPOPEYA DE LAS RELIQUIAS DEL SANTO CONDESTABLE

1

Igreja do Santo Condestável
Campo de Ourique
• Horario: durante la misa de 9 y de 18 h
• Tranvía: n° 28

Un gran príncipe que se hizo humilde monje

Tras el seísmo de 1755, los restos de la osamenta de D. Nuno rescatados de la catástrofe fueron colocados, en 1768, en una copia en madera de su ataúd donde permanecieron hasta 1856, fecha en la que se retiraron para ser finalmente depositados, en 1895, en una urna forrada con terciopelo. En 1912, se guardaron las reliquias en un precioso relicario de plata y recorrieron con devoción todo el país. Pero en 1967 las robaron y nunca se volvieron a encontrar. En su lugar se colocaron algunos huesos que, por prudencia, se habían conservado en otro lugar. Éstos se repartieron en dos lugares. Una parte se venera en la capilla de la Orden Terceira, en Largo do Carmo, y la otra en la iglesia del Santo Condestable, en Campo de Ourique, donde los restos están depositados debajo del altar mayor. El terrible seísmo de 1755 destruyó por completo los barrios de Carmo y de Trindade, hoy unidos por la famosa expresión popular «*cair o Carmo e a Trindade*» («*hacer caer el Carmel y la Trinidad*»). El convento carmelita fundado por D. Nuno Álvares Pereira (1360-1431) fue arrasado por el cataclismo y su tumba desapareció. Sólo quedan las osamentas consideradas reliquias santas. Si la tumba original era, según sus deseos, sencilla, la que se construyó posteriormente era mucho más grandiosa, y sobre ella se escribió el siguiente epitafio:

«*Aquí yace el famoso Nuno, el Condestable, fundador de la Casa de Braganza, excelente general, beato monje, que durante su vida en la tierra tan ardientemente deseó el Reino de los Cielos después de la muerte, y mereció la eterna compañía de los Santos. Sus honras terrenales fueron incontables, pero les volvió la espalda. Fue un gran Príncipe, pero se convirtió en un humilde monje. Fundó, construyó y consagró esta iglesia donde descansa su cuerpo*».

La tumba se encontraba cerca del altar mayor y contenía un solo cuerpo envuelto en una mortaja. Una especie de cajón aislado protegía la cabeza para evitar su contacto con la tierra y la cal. Este procedimiento que, sin embargo, había dejado de utilizarse un siglo antes de la muerte de D. Nuno Álvares Pereira, era el mismo que usaban los legendarios caballeros de la Mesa Redonda que tanto habían inspirado a D. Nuno desde su infancia (véase pág. 166). De hecho, su madre, Dña. Iria le apodó «mi pequeño Galahad», por el nombre del más puro de estos caballeros. El propio pueblo, a veces, rompía el suelo de la iglesia para coger un puñado de tierra santa de su milagrosa sepultura. Éste consideraba a D. Nuno como el último caballero medieval, modelo de justicia y perfección.

NUNO ÁLVARES PEREIRA, EL GUERRERO MILAGROSO DEL SIGLO XIV, CANONIZADO EN 2009

También conocido como el Santo Condestable, Nuno Álvares Pereira (nacido en Cernache do Bonjardim, concejo de Sertã, el 26 de junio de 1360 y fallecido el 1 de abril de 1431, en el convento do Carmo, en Lisboa) fue un noble caballero portugués del siglo XIV que desempeñó un papel fundamental en la crisis portuguesa de 1383-1385, cuando Portugal se jugó su independencia contra Castilla. Fue asimismo 2º conde de Arraiolos, 7º conde de Barcelos y 3er conde de Ourém, y fue nombrado Condestable de la Armada Portuguesa, una función similar al del actual ministro de Defensa. Murió con reputación de santo. Era hijo de Don Álvaro Gonçalves Pereira, prior de la Orden de los Hospitalarios instalados en el convento de Flor da Rosa, en Crato, y de Dña. Iria Gonçalves do Carvalhal, de familia noble. Creció en el hogar familiar en Flor da Rosa, donde aprendió las artes militares y cogió gusto por la lectura, sobre todo por los libros de caballería «donde la pureza era la virtud que convertía a los caballeros de la Mesa Redonda en invencibles» y donde era posible «que su alma y su cuerpo permanecieran inmaculados».

Soñó y declaró a su madre que él también sería un Caballero del Santo Grial, que lo iba a encontrar y depositar sobre el altar de la patria lusitana. Su madre, a partir de entonces, le llamó «mi pequeño Galahad», por el nombre del héroe que, según el relato de la Mesa Redonda, consiguió apoderarse del Cáliz, *Galahad* siendo el apodo de Cristo. Con 13 años, ingresó en la corte del rey Don Fernando I y fue investido caballero con una armadura prestada por Don Juan, Maestre de la Orden de Avis. Con 16 años, el 15 de agosto de 1376, se casó con Doña Leonor Alvim, en Vila Nova da Rainha, en Azambuja. Tuvieron una hija, Beatriz, pero la madre falleció poco después del parto (1388). Más tarde, el 1 de noviembre de 1401, Doña Beatriz se casó en el Paço de Frielas, en Loures, con Don Alfonso, el hijo bastardo de Don Juan I y primer duque de Braganza. Cuando el rey Fernando I murió en 1383, dejando como heredera a su hija Doña Beatriz, ya desposada con el rey Juan I de Castilla, Don Nuno Álvares fue uno de los primeros en respaldar las pretensiones de Don Juan, Maestre de Avis, a la Corona. A pesar de ser el hijo ilegítimo de Don Pedro I de Portugal, era preferible tener como Rey a Don Juan que perder la independencia a favor de Castilla. Tras la primera victoria militar de Don Nuno Álvares frente a los castellanos en la batalla de Atoleiros, en abril de 1384, Don Juan de Avis le nombró Condestable de Portugal y conde de Ourém.

El 6 de abril de 1385, el Maestre de Avis fue proclamado rey de Portugal en Coímbra. La respuesta de Castilla no se hizo esperar. Su poderoso ejército invadió el país. Ese mismo año, el 14 de agosto, las fuerzas portuguesas se enfrentaron a las de Castilla en Aljubarrota. A pesar de la inferioridad numérica, 1 portugués contra 10 castellanos, la victoria aplastante de los portugueses se decidió en menos de una hora, gracias al ingenio militar del Condestable que, a partir de entonces y para siempre, se convirtió en el Santo Patrón de la Armada portuguesa. La batalla de Aljubarrota marcó el final definitivo de la inestabilidad política y la consolidación de la independencia nacional.

El 25 de julio de 1415, Don Nuno Álvares partió en expedición con una flota a Ceuta, África del Norte. Fue su última batalla. Tras ello, repartió sus bienes entre su familia y la Orden de los Carmelitas [véase pág. 124] y se hizo hermano mendicante en el convento de Nuestra Señora del Carmen en Lisboa. Ya tenía reputación de santo pero conservaba su alma de guerrero. Cuentan que cuando supo que Ceuta corría el peligro de ser conquistada por los moros, el viejo guerrero, todo encorvado, quiso ir en su auxilio. Al intentar ser disuadido, cogió una lanza y la lanzó por el balcón del convento. La lanza cruzó el valle que estaba más abajo y quedó clavada en una puerta, del otro lado del Rossio. Don Nuno exclamó « ¡Podría lanzarla hasta África si fuera realmente necesario!». De ahí la expresión portuguesa «mandar una lanza a África», que significa vencer una gran dificultad.

El 30 de marzo de 1431, Viernes Santo, a los 70 años, el *Santo Hermano*, como le llamaban, cayó gravemente enfermo, y murió el 1 de abril, Domingo de Pascua, al mediodía. El pueblo portugués lloró a su Santo Guerrero. Durante las visitas al Santo Condestable, como se le conoce en la actualidad, la gente se llevaba tierra de su tumba. Según la *Crónica de los Carmelitas*, esta tierra milagrosa mezclada con agua y luego ingerida produjo 12 resurrecciones, 24 curaciones de paralíticos, 21 curaciones de ciegos, 21 curaciones de sordomudos, 18 curaciones de enfermedades internas, 16 curaciones de enfermedades terminales, 10 curaciones de fiebres fuertes y derrames sanguíneos y 6 apariciones del Gran Caballero con gracias espirituales.

Los milagros atribuidos a Nuno Álvares llevaron al papa Benedicto XV a beatificarle el 23 de enero de 1918, consagrándole el 6 de noviembre. Fue canonizado a las 9:33 h del 26 de abril de 2009 por el papa Benedicto XVI. Recibió el nombre de San Nuno de Santa María.

TUMBA DE LA CONDESA DE EDLA

2

Cementerio de Prazeres
Rua 2A, 6399
Praça São João Bosco
• Horario: de 9 a 16 h. Cerrado lunes
• Tranvía: nº 28E

Réplica de la Cruz Alta de Sintra

Elisa Hensler, condesa de Edla (1836-1929) fue la segunda esposa del rey Fernando II. Al igual que él, ella también sentía una enorme pasión por la Serra de Sintra y quiso construir sobre su tumba en el cementerio de Prazeres una réplica de la Cruz Alta de Sintra, con piedras traídas de la mismísima Serra.

Cuando Fernando falleció, en 1885, dejó en herencia a su viuda todos sus bienes, incluido el Castelo dos Mouros y el Palacio da Pena, en Sintra. Carlos I logró recuperar ambos edificios pagando 410 000 escudos a la condesa. Tras venderlos, Elisa Hensler abandonó Sintra y se fue a vivir con su hija Alice a Lisboa, donde murió a los 92 años de edad, sin haber añadido previamente a su testamento de febrero de 1928 sus últimas voluntades con respecto a su tumba: «un terreno de cuatro metros de largo por cuatro de ancho será comprado – se colocará en él la copia de la cruz que está en la Cruz Alta del parque de la Pena, en Sintra. El tamaño de la cruz tendrá que ser la apropiada para el terreno – sobre los peldaños que forman la base de la cruz se inscribirá, "Aquí yace Elisa Hensler, viuda de Su Majestad el Rey Fernando II, nacida en 1836"».

Y así fue. En el cementerio de Prazeres, en el número 6399 de la Rua 2A, la sepultura de la condesa de Edla recrea el bucólico paisaje del punto más alto de la Serra de Sintra que tanto amaba. Obra de Raúl Lino, se compone de bloques de granito superpuestos, de tamaño irregular y procedentes de la Serra, que descansan sobre un zócalo cuadrado de piedra caliza, en medio de una vegetación densa. En su cima se alza la réplica de la Cruz Alta, cuyo original domina las alturas del Parque de la Pena.

Este lugar es muy significativo para algunos especialistas de esoterismo, que lo llaman Pico del Grial, tal vez porque el rey Fernando II reprodujo en él el paradisiaco decorado de las óperas *Lohengrin* y *Perceval*, de Richard Wagner. En un rincón del parque, la condesa de Edla tenía un chalé, el primero del país, donde realizaba actividades en los espacios verdes y donde se dedicaba a pintar motivos de la mitología portuguesa en lienzo o en vajilla. Parece que no desconocía estas referencias esotéricas.

Fallecida en su palacio de Santa Marta, en el barrio Coração de Jesus, en Lisboa, Elisa Friedrike Hensler, condesa de Edla, cantante, artista, pintora, ceramista y casi reina, recibió el trato y los honores de una gran figura del Estado. La reina Amelia y el rey Manuel II, derrocados, enviaron en su nombre al vizconde de Asseca.

LOS SÍMBOLOS DE LA SEPULTURA DE CARVALHO MONTEIRO

3

Cemitério dos Prazeres
Praça S. João Bosco
• Horario: todos los días e 10 a 17 h
• Autobús: n°s 9 y 18

> ***El panteón del fundador de la Quinta da Regaleira de Sintra***

Encargado por António Augusto de Carvalho Monteiro (Río de Janeiro, 27 de noviembre de 1848 - Sintra, 25 de octubre de 1920), cuyo féretro fue depositado el 2 de abril de 1922, la capilla-panteón fúnebre de su familia está situado en el nº 1382 de la calle 11 (del lado izquierdo) del *Cemitério dos Prazeres* (Cementerio de los Placeres). António Carvalho Monteiro era un adinerado comerciante, diplomado en derecho y filosofía, dotado de una rara cultura que quedó manifiesta cuando mandó construir en Sintra, entre 1900 y 1910, su monumental palacio de la Quinta da Regaleira. Aplicó en este monumento la tendencia posromántica y neo-manuelina y lo marcó con el sello templario que caracterizó sus ideas de Portugalidad Iniciática. Se inspira de las fuentes teosóficas, hermetistas del profeta Bandarra u otras profecías portuguesas, místicas y mitológicas de Dante y sobre todo de Camões (véase pág. 62).

Carvalho Monteiro encomendó al arquitecto Luigi Manini el diseño de este panteón, reconstruido en mármol de Carrara y con una enorme riqueza simbólica. La construcción consta de tres partes. La primera muestra a San Miguel, el arcángel protector, guardián de las almas que representa el cielo y el mundo superior. Sobre la puerta del panteón superior, la abeja sobre el reloj de arena representa la transmigración del alma humana. En el panteón inferior se encuentra la cripta, el lugar subterráneo de los inmortales. En la parte frontal del panteón, a cada lado, se erigen las tradicionales estatuas de la *Fe* que lleva la cruz, y de la *Esperanza* que porta el cáliz. Ésta con la cabeza descubierta y la otra con la cabeza cubierta por ser la *Fe* algo íntimo, hecha únicamente de lo que el creyente sabe, siendo la *Esperanza* su suprema y última afirmación.

LOS TEMPLARIOS: MITOS Y REALIDADES

La Orden de los Pobres Caballeros de Cristo y del Templo de Salomón (en latín *Pauperes Commilitones Christi Templique Salomonici*), más conocida como la Orden de los Templarios u Orden del Temple, fue la orden medieval de carácter religioso y militar más famosa. Se creó cuando la primera cruzada regresó en 1096 con la finalidad aparente de proteger a los cristianos que deseaban peregrinar a Jerusalén, perdurando casi dos siglos.

Oficialmente reconocida por el papa Honorio II en la primavera de 1128, la Orden del Temple se convirtió rápidamente en la orden de caridad preferida de toda la Cristiandad. Creció con rapidez tanto en número de miembros como en poder.

Los caballeros templarios, vestidos con su característico manto blanco (por seguir la Regla de Cluny, cisterciense) con la cruz patada roja, formaban las unidades de combate más cualificadas de las cruzadas. Los miembros no combatientes de la orden regentaban una amplia estructura económica en toda la Cristiandad (inventaron la letra de crédito -embrión del sistema bancario moderno-) y levantaron numerosos castillos y templos por toda Europa y Tierra Santa.

La magnífica organización de los templarios tenía un doble objetivo: la constitución de lo que hoy podríamos denominar los *Estados Unidos de Europa* y, la *Instrucción Pública*, obligatoria y gratuita, pero templaria y no laica. Es por ello que la Orden se organizó sobre dos planos: uno exterior y visible y el otro interior o esotérico.

La sección profana se componía de hombres de acción, dinámicos y militares, mientras que la sección iniciática estaba integrada por la verdadera élite, sabios y sacerdotes en retaguardia de los caballeros y guerreros. Las dos facciones sólo rendían cuentas al Gran Maestre, y no a los Reyes ni al Papa, siendo considerados sospechosos de herejía, a pesar de practicar únicamente el ejercicio de la obediencia.

Asimismo se decía que los Templarios practicaban cultos heréticos debido al secretismo de sus ceremonias, lo cual nunca se pudo comprobar, ya que «en las casas de los militares, los civiles no entran». La orden era rigurosamente católica y apostólica, exceptuando el interés intelectual de algunos de sus miembros por otras culturas y teologías, en particular por el gnosticismo, cuyos símbolos quedaron marcados en algunos templos y castillos que construyó esta institución.

De entre la élite de estos distinguidos Iniciados, San Bernardo de Claraval, mentor espiritual de la Orden del Temple, seleccionó inicialmente nueve miembros y los envió a Jerusalén, donde el rey Balduino II les permitió instalarse en los establos que había bajo las ruinas del Templo de Salomón. Según algunas tradiciones secretas, fue ahí donde encontraron la copa de Salomón -perdida o escondida desde la época de Jesucristo - el famoso *Santo Grial*-, que trajeron a Occidente, empezando a partir de ese momento su dominación sobre el mundo al mismo tiempo que se iniciaba el ascenso fulgurante de la orden.

Con la pérdida de Tierra Santa, la Orden del Temple empezó a perder el apoyo de las coronas europeas.

El rey Felipe IV de Francia había contraído una enorme deuda con la orden y no tenía con qué saldarla. Empezó a presionar al papa Clemente V para que iniciara un proceso contra los Templarios.

Se forjaron pruebas y corrió el rumor sobre la sexualidad de éstos y sobre la sobriedad de su fe, insistiendo mucho en el hecho de que adoraban a un extraño personaje demoniaco llamado *Baphomet* o *Bafumet*, que nunca se supo bien quién era, y a sabiendas de que era pura inventiva (véase pág. 209).

De este modo en 1307 gran parte de los templarios de Francia fueron arrestados y torturados hasta conseguir falsas confesiones. Fueron quemados vivos o condenados a las galeras. El 22 de marzo de 1312, el papa Clemente V, presionado por el rey Felipe IV, abolió la orden.

En Portugal el rey Don Dinis consideraba que los Templarios eran inocentes y muchos de los que huían de Francia recibieron aquí una protección inmediata.

Una vez la orden disuelta, el rey portugués fundó inmediatamente otra en la que los antiguos templarios se integraron: la Orden Militar de Nuestro Señor Jesucristo u Orden de Cristo. La repentina desaparición de gran parte de la infraestructura europea de la Orden del Temple dio paso a especulaciones o leyendas más o menos exóticas.

JAZIGO
DA FAMILIA DO DUQUE DE PALMELLA
ANNO DE MDCCCXLIX

EL PANTEÓN MASÓNICO DEL DUQUE DE PALMELA

4

Cemitério dos Prazeres
Praça S. João Bosco
• Horario: todos los días de 10 a 17 h
• Autobús: n°s 9 y 18

> **El monumento fúnebre privado más grande de Europa**

Construido en 1849, el mausoleo de la familia del Duque de Palmela destaca dentro del *Cemitério dos Prazeres* (Cementerio de los Placeres) por tratarse del monumento fúnebre privado más grande de Europa. Desde 1997 pertenece a la Cámara Municipal de Lisboa, tras ser legado por el 4º conde da Póvoa, el ingeniero Manuel de Sousa e Holstein Beck. Sus imponentes dimensiones, sus claras influencias masónicas y sus excepcionales obras de arte, como el cenotafio de Canova y la tumba de los hermanos Teixeira Lopes, justifican una visita.

Este mausoleo, que alberga 200 cuerpos de los miembros de la familia Palmela y de sus criados, reproduce un templo en forma de pirámide del Antiguo Egipto. En su interior, varias estatuas de renombrados escultores embellecen las tumbas.

El 1er duque de Palmela, Pedro de Sousa Holstein (Turín 1781-Lisboa 1850), hombre político y militar portugués de ideas liberales, mandó construir este mausoleo. Simpatizante de las ideas esotéricas de la Masonería Simbólica -de la que no era miembro-, encomendó el proyecto al arquitecto José Cinatti, renombrado masón.

Para la masonería, los números perfectos son el 7, 5 y el 3. Para acceder a este panteón hay que subir 7 peldaños y 5 para ir a la cripta. El 3, símbolo de la Trinidad, está señalado por el triángulo frontal de la pirámide, detrás del pórtico griego que da acceso al mausoleo, y en su cima por el *Ángel de la buena muerte con la cruz y el libro cerrados*, una escultura atribuida a Calmels.

La distribución de este espacio ha sido concebida siguiendo el modelo del Templo de Salomón. En éste, en la columna del norte -también llamada columna femenina o lunar (*Boaz*)- se sentaban los principiantes y aprendices, y en la columna del sur -columna masculina o solar (*Jakim*)- se encontraban los iniciados y compañeros. De este modo, las criadas del duque están inhumadas en el lado izquierdo (norte) y los criados en el lado derecho (sur). En la capilla, situada al oriente, se encuentra la familia Palmela, que representa a los maestros iniciadores. Dicen que el suelo del Templo de Salomón estaba recubierto de baldosas blancas y negras. Aquí también, el acceso al mausoleo tiene losas cuadradas con colores idénticos.

LA FUENTE SANTA DE LOS PLACERES 5

Rua Coronel Ribeiro Viana
• Autobús: nº 18

Las aguas milagrosas de una fuente legendaria

Entre los números 11-D y 13, en la esquina de la rua Coronel Ribeiro Viana, en el *Cemitério dos Prazeres* (Cementerio de los Placeres) encontramos, casi escondida entre los modernos edificios que han modificado por completo el paisaje urbano, la *Fonte Santa dos Prazeres* (fuente Santa de los Placeres).

Esta fuente, que ha dado su nombre al lugar, es de color ocre en su parte trasera. Un dintel de mármol blanco corona la base a lo ancho, debajo del cual la pila original luce una piedra esculpida del siglo XVI que representa un barco cuya proa acaba en forma de cabeza de serpiente. Esta piedra fue colocada en 1835, durante unas obras de restauración.

El agua de la fuente, que corre a través de un grifo metálico provisto de resortes y que fue famosa por sus poderes curativos, ya no proviene del manantial que la alimentaba. Según parece, el manantial se desecó a causa de las construcciones de los edificios vecinos y fue reemplazado por el agua de la red de EPAL (Empresa Portuguesa de Aguas Libres)[1].

Cuenta la leyenda que, mucho antes de 1599, apareció una imagen de *Nossa Senhora dos Prazeres* (Nuestra Señora de los Placeres) sobre el manantial, lo que otorgó a sus aguas importantes virtudes curativas para todo tipo de enfermedades. Más adelante, el senado de la Cámara de Lisboa mandó construir el arca y la pila, y colocar una gárgola con el escudo de armas de la ciudad. Poco después la imagen de Nuestra Señora de los Placeres fue colocada en una capilla erigida a estos efectos, que hoy ya no existe. Esta capilla se encontraba en un lugar bautizado con el nombre de su protectora, la Quinta dos Prazeres, y donde se ubicó el actual cementerio.

La capilla era muy frecuentada los domingos, sobre todo los domingos y lunes posteriores a la Octava de Pascua, ya que todas las cofradías, todos los sacerdotes y monjes de la parroquia de Santos venían en procesión, con las cruces en alto, a cantar una misa solemne. Estaba situada un poco más arriba de la *Fonte Santa*, en la actual rua Coronel Ribeiro Viana, antes de la Travessa dos Prazeres, en el nº 27 actual. El barco-serpiente de la *Fonte Santa* y el título *Prazeres da Senhora* evocan la concepción de la felicidad *post mortem* mediante un ritual de aguas santas curativas del cuerpo y del alma.

1 N. de la T.: empresa responsable del abastecimiento de agua de Lisboa

EL JARDÍN INTERIOR DEL PALACIO DE SÃO BENTO

6

Palacio de la Asamblea de la República
Praça de São Bento
• Centro de información de la Asamblea de la República
• Tel.: +351 21 391 96 25
• Horario: último sábado de mes. Visitas guiadas y gratuitas (a las 15 h y a las 16 h)
• Autobús: n°s 28E, 706 y 790

Uno de los tesoros ocultos de la ciudad

El antiguo convento de São Bento da Saúde, actual sede de la Asamblea de la República, tiene un magnífico jardín, oasis de paz y encanto, que se visita una vez al mes. Situado detrás del palacio, este jardín interior diseñado por el arquitecto Luís Cristino da Silva (1896-1976) se caracteriza por una simetría de inspiración francesa en la disposición de los macizos de flores y de las estatuas y destaca por sus cuatro niveles, dispuestos en terraza para poder solventar los inconvenientes de un terreno extremadamente inclinado. El jardín está separado de la residencia oficial del primer ministro por un largo muro de 50 metros, con dieciséis nichos y otras tantas fuentes y una escalera doble (del mismo Cristino da Silva), construida en los años 1940 y que da al jardín superior. La escalera está coronada por dos esfinges que enarbolan la bandera de Portugal, obra de António Leopoldo de Almeida. A ambos lados de los escalones hay dos preciosas estatuas, situadas ligeramente por delante de los escalones, que simbolizan la fuerza y la justicia. Este precioso y desconocido jardín merece una visita exhaustiva. Su construcción, de mediados del siglo XX, evoca el espacio verde primitivo que estaba detrás de la muralla del convento benedictino de São Bento da Saúde, fundado en 1598 por el abad primado D. Fray Baltasar de Braga. Con la supresión de las órdenes religiosas en Portugal en 1834, el convento se convirtió en el Palácio das Cortes, por orden de Pedro IV. Después del Estado Novo (la dictadura de Salazar), con más exactitud desde 1975-1976, alberga la Asamblea de la República. Durante todos esos años la necesidad de devolverle al monumento su jardín destruido por el terremoto de 1755 se volvió imperiosa. Una misión cumplida gracias al trabajo de Cristino da Silva, que firmó el regreso de uno de los tesoros ocultos más bonitos de la ciudad.

EL CEMENTERIO ALEMÁN DE LISBOA

7

Rua do Patrocinio, 59
• Autobús: nº 774, parada Rua Domingos Sequeira, luego caminar unos 5 minutos
• Horario: de martes a miércoles y de viernes a sábado de 9 a 13 h y de 15 a 18 h. Domingos y festivos de 9 a 13 h. Cerrado lunes y jueves, 24, 25, 31 de diciembre y 1 de enero
• Visita guiada previa reserva
• Tel.: 213 900 439

Una última morada bucólica

Pocos son los lisboetas que han oído hablar del cementerio alemán de la capital portuguesa.

Situado entre el emblemático cementerio de Prazeres y la basílica de Estrela, se oculta de las miradas indiscretas detrás de sus altos muros y sólo se identifica con un pequeño panel de azulejos azules y blancos que lleva la inscripción "Cemitério Alemão – Deutsche Evangelische Kirchengemeinde" (Cementerio alemán – Iglesia protestante alemana).

Para visitarlo tiene que llamar a la pesada puerta verde que protege el acceso al camposanto, ubicado en un precioso y frondoso jardín.

Su historia se remonta a 1821, cuando el rico comerciante Nicolaus Berend Schlick, oriundo de Lubeck, donó a la comunidad evangélica alemana un terreno de casi 3000 m^2, en pleno corazón del actual barrio de Campo de Ourique.

Sin su generosidad, los alemanes de Lisboa seguirían, tal vez, siendo enterrados en el cementerio inglés (ver p. 152), situado no muy lejos de aquí y que antaño acogía los restos de la comunidad protestante alemana. La pequeña capilla del cementerio alberga el retrato de Nicolaus Berend.

Inaugurado el 25 de enero de 1822, el cementerio bucólico ofrece un descanso eterno a todos los alemanes que viven en Portugal, ya sean protestantes, católicos o judíos, así como a los extranjeros casados con alemanes o alemanas.

UNA PRESENCIA ALEMANA SECULAR

Desde hace siglos, Lisboa tiene una importante comunidad alemana. Los primeros en llegar fueron unos cruzados en 1147 que participaron en la reconquista de la capital portuguesa ocupada por los moros. Los caballeros alemanes muertos en la batalla están enterrados bajo la sacristía del convento São Vicente de Fora, dedicado a san Vicente y construido para conmemorar la victoria de los cruzados contra los ejércitos musulmanes.

JARDÍN DAS FRANCESINHAS

8

Rua das Francesinhas
• Siempre abierto
• Autobús: n°s 706, 727 y 773

Entre memoria y olvido

Recién restaurado, el Jardín das Francesinhas o Jardín Lisboa Antiga, es un jardín artístico con unos magníficos paneles de azulejos que ilustran el pasado de la zona aledaña a São Bento da Saúde donde hoy está la Asamblea de la República. Una preciosa estatua de mármol, *A Familia*, del escultor Leopoldo de Almeida, preside sobre una fuente de ocho caños, como el símbolo de la creación. Con esta obra que realizó en torno a tres personajes, el artista pretendía crear un icono de los valores morales sacro-religiosos. Combinó los volúmenes como si se tratara de una pieza única que alberga a sus pies la Trinidad, coronada por la paloma de la paz. En medio, el niño –amor, prosperidad y futuro–, amado por su madre y protegido por la fortaleza de la figura del padre. Encarnación del valor moral de la familia, *A Familia* mide 2,3 metros de alto y se inauguró en 1949.

En torno a un jarrón enorme, cuatro leones alados dan un aire solemne y elegante al lugar y evocan el nombre de Cristo (león de Judas), representando la Ley y el Imperio de Dios del que será soberano en la Tierra.

Este símbolo recuerda también la presencia de un convento de religiosas que hubo aquí y que se demolió en los años 1930. En su lugar, se construyó en 1935 un parque de atracciones al que llamaron Lisboa Antiga (representaba el antiguo barrio de Lisboa) y que tuvo mucho éxito. En 1949, inauguraron en el mismo sitio este magnífico jardín de trazado geométrico, obra del arquitecto Cristino da Silva.

El nombre Jardín das Francesihnas proviene del convento de Santo Crucifixo das Capuchinhas Francesas, conocido como el de las Francesinhas. Esta construcción que databa del siglo XVII se demolió entre los años 1812 y 1934-1935.

Ese convento de religiosas fue fundado en 1667 por la reina Maria Francisca de Sabóia, esposa de Afonso VI y de Pedro II, en segundas nupcias. Cuando murió, fue enterrada en el convento. En 1912 trasladaron su cuerpo al monasterio de São Vicente de Fora, antes de que empezara la demolición.

CEMENTERIO DE LOS INGLESES

9

Rua de São Jorge, 15, Estrela
• Horario: todos los días de 10 a 17 h
• Autobús: nº 738

Inglaterra en el centro de Lisboa

Aunque la entrada es libre y abre todos los días, el Cementerio de los Ingleses es uno de los secretos mejor guardados de Lisboa. Pequeño y discreto, protegido por altos muros y a la sombra de imponentes árboles centenarios, es uno de los espacios verdes más románticos y desconocidos de la ciudad, en perfecta armonía con el Jardín da Estrela, cuya entrada norte está justo enfrente, del otro lado de la calle, de fecha posterior (1842).

La cesión de este lugar a la comunidad inglesa y holandesa, para construir un cementerio en los terrenos adyacentes a la Travessa dos Ladrões, la actual Rua da Estrela, se remonta a 1717. En aquella época, los católicos consideraban herejes a los protestantes y les perseguían, a pesar de la libertad de culto efectiva en Portugal desde la Restauración en 1640. También conocido como el Cementerio de los Cipreses, por la obligación impuesta por el tribunal de la Inquisición de plantar un muro de cipreses en su perímetro para que los católicos no pudiesen ver las sepulturas de los protestantes, este lugar era llamado, por aquel entonces, "suelo de herejes".

Es por ello que más allá de ser uno de los cementerios más bonitos de Lisboa, este lugar es también el magnífico guardián de la larga y tumultuosa historia de la presencia británica en Portugal. La lápida más antigua, erosionada por el tiempo, está a dos pasos de la entrada. En ella descansa desde 1742 Francis La Rocha, un refugiado hugonote. Esta fecha es sorprendente cuando uno sabe que la alianza luso-británica es muy anterior (1373). Pero a partir del siglo XVI y el famoso cisma de Enrique VIII, la mayoría de la población inglesa dejó de obedecer al papa, lo que llevó a los fieles anglicanos establecidos en países católicos a conocer innumerables dificultades, como la prohibición de ser enterrados en los cementerios existentes.

En Portugal, los protestantes, residentes o de paso, eran enterrados a escondidas, al borde del mar o del río.

La tumba más famosa del cementerio, la única que tiene un cartel indicativo en la entrada del recinto, es la de Henry Fielding, más conocido como el "padre de la novela inglesa", autor de *Tom Jones,* escrita en 1749.

Con el fin de recobrar la salud bajo el sol portugués, Fielding embarcó para Lisboa y falleció a su llegada, en 1754, dejando tras él una obra póstuma escrita en el barco, *Journal of a Voyage to Lisbon.*

Muchas de las tumbas y de los mausoleos más antiguos y más "artísticos" del cementerio datan de la segunda mitad del siglo XVIII. Entre ellos figura un grupo de ingleses identificados como soldados afincados en Lisboa tras jubilarse pero que nunca sirvieron a Portugal. No se puede decir lo mismo de la generación siguiente y de los que cayeron en los campos de batalla de las guerras napoleónicas (1799-1818), tan numerosos que se justificó la ampliación del cementerio conocido en aquel entonces como el Cementerio de los Militares.

Fue en esta nueva parcela donde nació la iglesia de São Jorge (San Jorge), en 1822, y que hoy está cerrada. Casi todas las sepulturas están coronadas con macizos de flores, las calles más antiguas están cubiertas de musgo, mientras que enormes dragos, imponentes cipreses y gigantescas palmeras se alzan entras las tumbas góticas y las cruces celtas.

EL RATÓN DE LA PRAÇA DO RATO

10

Largo do Rato nº 10 B
• Metro y autobús: Rato

El homenaje a un canónigo del siglo XVII

Delante del nº 10 B de Largo do Rato, un ratón gris antracita está dibujado sobre la *calçada portuguesa* (empedrado portugués). Este tipo de empedrados (ver siguiente página) es un guiño al origen del nombre de la plaza, que está vinculado al segundo canónigo del Convento de Nuestra Señora de los Remedios de las hermanas de la Orden de la Santa Trinidad, también conocido como Convento do Rato (convento del ratón). Convertido al cristianismo y luego ennoblecido, Manuel Gomes de Elvas fundó este monasterio en 1621.

Fue su sucesor, Luís Gomes de Sá e Menezes, quien concluyó la construcción entre 1675 y 1721. Flacucho, que siempre vestía de gris y caminaba dando pasos cortos rápidos, el hombre de nariz alargada se ganó pronto el apodo de rato (ratón). Figura emblemática del barrio, inspiró su nombre al priorato y luego al cruce que se llama así desde hace cuatro siglos, a pesar de un intento inútil, entre 1910 y 1948, de rebautizar la plaza como Praça do Brasil. Hoy ocupada por una sucursal de la Seguridad Social y una comisaría de policía municipal, el priorato ya no aloja monjas, pero su iglesia sigue acogiendo a

los fieles. A su izquierda, el suntuoso palacio rosa construido en 1784 sobre los terrenos de la antigua Real Fábrica de Porcelana tuvo como último dueño al marqués da Praia e Monforte. Desde 1986, alberga la sede del Partido Socialista. Entre la Rua da Escola Politécnica y la Rua do Salitre, la fuente barroca del Rato (1744), de piedra de Lioz, fue la primera de la ciudad en ser integrada en los planos del Aqueduto das Águas Livres. Gestionados por tres empresas de distribución de agua, sus tres caños abastecían el barrio con la ayuda de un centenar de repartidores. Esta ingeniosa red motivó a las Reales Fábricas de Porcelana y de Seda a instalarse en los aledaños.

CALCETEIRO, UN OFICIO EN VÍAS DE EXTINCIÓN

Abollada, inestable y resbaladiza, la *calçada portuguesa* (empedrado portugués) viste desde 1849 aceras, plazas y calles peatonales de la capital y de sus antiguas colonias (Brasil, Mozambique, Madeira). Cuando los bloques de basalto gris y de piedra caliza blanca forman un dibujo se habla de empedrados. Debemos su existencia a Eusébio Pinheiro Furtado, teniente general y jefe del ejército que se inspiró en una técnica romana para mantener ocupados a los detenidos del Castillo de San Jorge. Hoy solo quedan unos veinte *calceteiros*, encargados de realizar estos mosaicos y cuidarlos meticulosamente, en Lisboa. A la escuela de maestros empedradores, abierta por el Ayuntamiento en 1986, le cuesta atraer a jóvenes aprendices, a quienes no les gusta mucho trabajar agachados a cambio de un salario demasiado bajo. Desde 2006, una estatua de bronce de un *calceteiro*, en la Rua da Vitória, rinde homenaje a este oficio en vías de extinción.

EL LEÓN DE LA ESTRELLA

11

Jardim da Estrela
• Autobús: nº 20

El recuerdo de un león de Mozambique

Creado en 1842-1843, el *Jardim Guerra Junqueiro* -más conocido como *Jardim da Estrela*- es uno de los jardines más hermosos y mejor conservados de Lisboa. Está asociado con la presencia del famoso *Leão da Estrela* (*El león de la Estrella*), título de una película portuguesa de 1947, que hará recordar a algunos lo que fue, hace muchas décadas, su principal foco de interés: la presencia de un magnífico ejemplar del rey de los animales.

La historia -casi olvidada- del famoso *Leão da Estrela*, estrella mimada del Lisboa del siglo XIX, es un magnífico episodio de la vida insólita de la ciudad.

Traído desde la jungla de Mozambique por el explorador Inácio de Paiva Raposo, fue expuesto en este lugar desde 1869. Originalmente se trataba de una pareja de leones pero sólo el macho sobrevivió al viaje hasta la metrópoli. Llamado *Panhel*, por el lugar donde fue capturado, se hizo famoso con los nombres de *Rey del Desierto* y, sobre todo, *Leão da Estrela* por el jardín donde vivía. Mientras construían su jaula, en abril de 1869, los curiosos se apresuraban al jardín y preguntaban: «¿Dónde está el león?».

El león estaba provisionalmente en una propiedad de Campo Pequeno. Finalmente, el 4 de mayo de 1869, un grupo de trabajadores gallegos lo trasladó en una pequeña jaula desde Campo Pequeno hasta Estrela, en un recorrido complicado que duró siete horas. La jaula que debía albergarlo definitivamente era amplia y tenía dos compartimentos: uno diurno, para exponerlo al público, y otro nocturno, más aislado, para dormir.

La afluencia del público fue inmediata y, sólo en la tarde del 17 de mayo de 1869, se estimó que acudieron entre nueve y diez mil visitantes. Se produjeron algunos incidentes, provocados por algunos visitantes que demostraron ser más brutos que el pobre animal aprisionado que contemplaba plácidamente el espectáculo humano. Años más tarde, el *Leão da Estrela*, ya viejo, murió de enfermedad. Su último recuerdo físico desapareció en los años 1920, cuando desmontaron su jaula, abandonada desde hacía tiempo y que se encontraba más o menos donde se construyó en 1941, en el pórtico sobre la avenida Pedro Alvares Cabral.

N.B.: La estatua de Neptuno con el león ya se encontraba en el jardín antes de que llegara el león.

EL BELÉN DE LA BASÍLICA DA ESTRELA 12

Praça da Estrela
• Tranvía: nºs 25 y 28; Autobús: nºs 709 y 713
• Horario de la basílica: 8:45 a 17 h
• Horario del belén: todos los días salvo los domingos de 10 a 11:30 h y de 15 a 17 h. Entrada: 1,50 €
• Horario de la terraza: los días salvo los domingos por la mañana de 9:30 a 11:45 h y de 14 a 18:45 h. Entrada: 4 €

> *Uno de los belenes más grandes del mundo*

En el brazo derecho del transepto de la Basílica da Estrela hay que pasar por detrás de la tumba de la reina María I de Portugal (quien mandó construir la basílica en cumplimiento a la promesa hecha a Dios por haber tenido un hijo varón) para acceder a una pequeña sala que alberga uno de los belenes más grandes del mundo.

En 1871, la reina encargó a Joaquim Machado que construyera un belén para los carmelitas, cuyo convento es adyacente a la basílica. Escultor consagrado, Machado también es el autor de la estatua ecuestre de su padre José I en la Praça do Comercio.

El belén de Joaquim Machado Castro, que cuenta con más de 500 estatuas, es uno de los belenes más grandes del mundo. Admire la precisión, a veces sorprendente, de la ropa, las herramientas y de los distintos elementos del decorado, de los cuales una parte está hecha con corcho del Alentejo. En la parte superior del belén, se pueden ver escenas que representan la matanza de los Inocentes, la huida a Egipto. La escena del nacimiento está en el centro del belén, rodeada de columnas corintias y coronada por una nube de ángeles barrocos.

El museo de Arte Antiguo de Lisboa dedica una exposición permanente al arte de los belenes.

El tejado de la basílica ofrece unas vistas insólitas al Tajo, al castillo de San Jorge o a las torres modernas del barrio de Amoreiras.

Los belenes, auténtica tradición portuguesa, solían estar durante once meses del año dentro de unas *maquinetas*, unas pequeñas alacenas o vitrinas fabricadas para tal fin. Solo se mostraban al público un mes antes de Navidad.

LA FACHADA DEL PALACIO DEL VIZCONDE DE SACAVEM ⓭

Rua do Sacramento, 24
Lapa
• Autobús: nº 713

¿Un atentado al buen gusto?

En lo alto del barrio de Estrela, entre la embajada de Estados Unidos y la de Bulgaria, la casa del vizconde de Sacavem luce una fachada que se desmarca claramente de las fachadas vecinas por sus numerosas cerámicas multicolores. En una mezcla de técnicas y formas, los bustos, las formas naturalistas, las cuerdas esculpidas y las esferas esmaltadas en las esquinas de la casa son un auténtico homenaje al arte de la cerámica, aunque para algunos fuera un "atentado al buen gusto".

La casa fue construida por el arquitecto Henrique Faria Blanc entre 1897 y 1900 y decorada por su dueño, un ceramista de la escuela de Caldas da Rainha. Discípulo de Bordalo Pinheiro y de Bernardo de Palissy, también fue el fundador de la fábrica de cerámicas de Campolide, conocida por sus esmaltes.

En Caldas da Rainha, la residencia de caza de arquitectura romántica del mismo dueño, también coleccionista y mecenas de muchos ceramistas de Caldas, se transformó en 1893 en un museo de la cerámica.

CASA MUSEU SOFIA E TOMÁS

14

Rua da Esperança, 76
Madragoa
• Para visitar o dormir en el apartamento: colacotomas@gmail.com
• www.airbnb.com/rooms/3844364
• Autobús: nºs 713 o 727; Tranvía: nº 15E

> ***"Isabel da Nobrega, la mujer que trajo al mundo a José Saramago más que su propia madre***

En el delicioso barrio de Madragoa, en Santos, el pequeño edificio de cuatro plantas de la Rua da Esperança nº 76 alojó durante veinte años al escritor José Saramago y a su musa, la escritora Isabel da Nobrega.

José Saramago (1922-2010), único escritor de lengua portuguesa en ganar el premio Nobel (1998), escribió entre estos muros las novelas que dieron giro a su carrera de autor, como *Alzado del suelo (Levantado do Chão)* o, en 1982, *Memorial del convento (Memorial do convento)* con la que ganó, con casi 60 años de edad, numerosos premios y un gran prestigio internacional.

Hoy, el apartamento, cuyo dueño es el artista Tomas Colaço, se puede visitar e incluso alquilar para pasar la noche. Es un taller y un espacio comunitario a la vez donde reina un ambiente curioso: nada está colocado adrede, pero los objetos de recuerdo como la cama de Isabel y José, los zapatos de José, intactos, conviven con las fotos, las pinturas e instalaciones de los artistas. La gran estantería llena de libros, la mesa de los escritores y la máquina de escribir no se han movido de su sitio. Cada uno es libre de sentarse en la mesa para trabajar.

En el apartamento, Tomas insiste en rendir homenaje también a Isabel da Nobrega, a menudo olvidada en las bibliografías de la fundación oficial de Saramago, inaugurada hace unos años en la Alfama, en la antigua Casa dos Bicos, mientras que, según Saramago, fue la mujer "que le trajo al mundo más que su propia madre".

EL ALTORRELIEVE DE LOS SANTOS MÁRTIRES ⓯

Igreja de Santos-o-Velho
Rua das Janelas Verdes
• Autobús: n° 60

El Santiago de Compostela de Lisboa

Cerca de la entrada de la iglesia de Santos-o-Velho (Santos el Viejo) hay una antigua piedra labrada que representa a tres personajes con un bastón en la mano. Se trata de los hermanos Veríssimo, Máxima y Júlia, santos mártires a quienes la iglesia está consagrada. En el interior hay un altar dedicado a ellos, con estatuas para honrarles y hermosos paneles de azulejos que narran su vida. Originarios de Lisboa, el 1 de octubre de 307 fueron martirizados por orden del emperador Diocleciano, tras negarse a realizar sacrificios a los dioses. Tras morir, fueron arrojados al mar, lastrados con pesadas piedras. Sin embargo sus cuerpos aparecieron en una playa cercana a Lisboa. Fueron piadosamente rescatados por unos ermitaños cristianos que les dieron sepultura en una iglesia erigida en su memoria y llamada *Santos*. Según cuenta la historia, durante mucho tiempo aparecieron en la playa de Santos guijarros ovales teñidos de gotas de sangre y grabados con la cruz de Santiago. La fundación de la iglesia por D. Alfonso Henriques se debe a su hija Dña. Sancha: guiada por un ángel hasta este lugar, descubrió las reliquias que desprendían un olor particularmente agradable (véase a continuación). En este punto la historia se asemeja extrañamente a la leyenda del apóstol Santiago de Compostela cuya tumba fue descubierta gracias a los ángeles y a una lluvia de estrellas.

En 1290, D. Sancho II amplió la iglesia y mandó erigir un convento destinado a la *ordem de Santiago* (Orden de Santiago) y a las mujeres, niños y viudas de estos frailes-caballeros. Éstas elegían una *comendadeira* (comendadora) o *dona* (dama), de ahí el origen de las *Comendadeiras de Santos* que posteriormente fueron trasladadas a Coímbra, antes de regresar a este lugar. Como el monasterio era demasiado pequeño, D. Juan II mandó construir otro en 1470 en Xabregas, que se llamó *Santos-o-Novo* (Santos el Nuevo) donde las religiosas fueron trasladadas el 5 de septiembre de 1490. Las reliquias de los santos mártires fueron trasladadas en procesión en una sepultura dorada para ser depositadas en la pequeña capilla dedicada a *Nossa Senhora do Paraíso* (Nuestra Señora del Paraíso).

EN OLOR DE SANTIDAD

El origen de la expresión «en olor de santidad» proviene del agradable olor que a veces desprenden los cuerpos de algunos santos.

LOS SECRETOS DEL POLÍPTICO DE NUNO GONÇALVES

16

Museu Nacional de Arte Antiga
Rua das Janelas Verdes
• Horario: martes de 14 a 18 h. Miércoles a domingo de 10 a 18 h
Cerrado el lunes
• Autobús: nº 60

“

¿Un mensaje codificado?

El políptico de Nuno Gonçalves (compuesto por dos paneles anchos y cuatro más estrechos) está expuesto en el *Museu Nacional de Arte Antiga* (Museo Nacional de Arte Antiguo). Es una obra maestra de la pintura portuguesa de finales de la Edad Media y principios del Renacimiento. Su autor, Nuno Gonçalves, fue pintor real de Don Alfonso V desde 1450 y murió, probablemente, en 1492.

Cuentan que este políptico, de estilo sobrio pero sorprendentemente realista, fue pintado en el *Paço Real* (Palacio Real) de Sintra. Fue descubierto en 1882 cuando Rafael Bordalo Pinheiro y su hermana se percataron de que unos obreros lo estaban utilizando como andamio en las obras de restauración del patriarcado de São Vicente de Fora. Fue inmediatamente rescatado y restaurado. Sin embargo, no fue hasta 1931, fecha de su exhibición en París, cuando Nuno Gonçalves obtuvo el reconocimiento internacional que merecía. De manera sorprendente y enigmática el políptico relata toda la epopeya lusitana de la dinastía de los Avis. Hay 60 personajes representados y son infinitas las controversias surgidas en cuanto a su identificación, colocación y orden correcto de los paneles.

El primer panel es el de los *Frailes*, ataviados con los hábitos de la Orden de Císter (Cistercienses). El segundo es el de los *Navegantes*, liderados por el Infante Don Enrique, arrodillado. El tercero es el del *Infante*, en el centro del cual figura un santo muy parecido a las representaciones coptas y bizantinas del Preste Juan (véase pág. sig.) o Melquisedec, y no como pretenden algunos exégetas las de San Vicente, Santa Catalina, el infante D. Fernando o el cardenal de Lisboa D. Jaime. Es el «rey de Salem (representa el Paraíso Terrenal) y sacerdote de Dios Altísimo (representa el Paraíso Celestial)» quien, conforme a las escrituras bíblicas, sostiene aquí el Evangelio de San Juan, abierto por la página de la misa de Pentecostés. El cuarto panel es el del *Arzobispo*, donde figura el mismo santo de antes sujetando el cetro del «Rey del Mundo» y con unos cabos a sus pies que dibujan el mapa de Portugal. El quinto panel es el de los *Caballeros* y el sexto el de la *Reliquia*, con un hueso del cráneo de San Antonio de Lisboa y Padua.

En total, hay 60 personajes representados: 6 en el primer panel, 7 en el segundo, 34 entre el tercero y el cuarto, 8 en el quinto y 5 en el sexto. Para la antigua numerología cabalística, la cifra 60 significa *Evolución*: dividiéndolo por el doble 3, e ignorando el cero que expresa lo abstracto -el vacío total-, obtenemos la Trinidad Divina sobre la Tierra y el Cielo, hacia la que tienden todas las cosas animadas y los seres vivos. Hay dos cifras más que debemos anotar: el 13 (reflejado en el número de personajes de los dos primeros y dos últimos paneles) y el 17 (número de personajes en cada uno de los paneles centrales). El 13 simboliza la inmortalidad del alma humana después de la muerte. Es un número tradicionalmente atribuido a Santa María y al Espíritu Santo, a los que Portugal está consagrado.

El 17 simboliza la esperanza en la inmortalidad que la palabra de Dios (contenida en el Evangelio de San Juan abierto y por lo tanto revelada) comunica a la asamblea de los fieles, es decir a toda la humanidad. En Portugal, el número 17 también tiene un significado propio: es su propio arcano esotérico y lo señala como la última esperanza de un nuevo imperio espiritual en el mundo (véase pág. 92).

Los otros símbolos iconológicos del «Rey del Mundo», Melquisedec [véase pág. 152], además de la espada y la balanza, son el báculo episcopal y el libro, los cuales representan los poderes temporales y espirituales. Son exactamente los mismos que sostiene el santo del políptico.

Los personajes están distribuidos en el políptico de la siguiente manera:

17 =	3	3	11	11	4	2	= 17
13 =	3	4	6	6	4	3	= 13
	=				=		
	13		17	17	13		

MELKI-TZEDEQ O EL PRESTE JUAN: MITO Y REALIDAD

El nombre de Melquisedec, antiguamente *Melki-Tzedeq*, como se le designa en la tradición judeo-cristiana, hace referencia al «Rey del Mundo» que dirige toda la evolución planetaria, el más cercano a Dios y cuya naturaleza se confunde con Él.

En la Biblia, la primera referencia a Melquisedec surge en el *Génesis* (XIV, 19-20): «*Entonces Melki-Tzedeq, rey de Salem, hizo traer el pan y el vino; y era sacerdote del Dios Altísimo y bendijo a Abram diciendo (...) Y Abram le dio el diezmo de todo*», instituyendo de este modo el Orden al que alude el Salmo 110,4: «*Tú eres por siempre sacerdote según la Orden de Melquisedec*». La *Epístola a los Hebreos de San Pablo* (7: 1-4) lo define como: «*Melquisedec, rey de Salem, sacerdote del Dios Altísimo, que salió al encuentro de Abraham (...) y le bendijo, a quien Abraham dio el diezmo de todo el botín; y cuyo nombre significa, en primer lugar, «rey de justicia» y, luego, rey de Salem, es decir, «rey de paz»; que no tiene padre ni madre, ni genealogía, que no tuvo ni principio ni fin de su vida, asemejado al Hijo de Dios; permanece sacerdote para siempre*».

De este modo la Iglesia cristiana lo identificó con la Tercera Persona de la Trinidad, el Espíritu Santo, y con el guardián de la Tradición Apostólica procedente del Apóstol Pedro.

De modo que el sacrificio de *Melki-Tsedeq* (el pan y el vino) está habitualmente considerado como una «prefiguración» de la Eucaristía, los sacerdotes cristianos identificándose, en principio, al sacerdocio de *Melki-Tsedeq*, y el salmo 110 aplicándose también al Cristo.

La referencia a este misterioso soberano en el libro del *Génesis* y en la *Epístola a los Hebreos de San Pablo*, llevó a la tradición judeo-cristiana a diferenciar dos sacerdocios: uno «según el orden de Aarón» y el otro «según el orden de Melquisedec», siendo éste superior a aquél ya que une el presente con los tiempos del Advenimiento del Mesías expresado por los apóstoles, los obispos y la Iglesia de Occidente; el otro uniendo el pasado al presente a través de los profetas, los patriarcas y la Iglesia de Oriente. *Melki-Tsedeq* es pues rey y sacerdote a la vez: su nombre significa «rey de justicia» y, al mismo tiempo, rey de *Salem*, es decir, «rey de paz». Siendo «Justicia» y «Paz» los dos atributos fundamentales del «Rey del Mundo». Observemos que la palabra *Salem* significa «ciudad de la paz», el arquetipo sobre el que se construyó Jerusalén que se convirtió en la residencia oculta del «Rey del Mundo».

Denominada *Agharta* y *Shamballah*, en las tradiciones transhimalayas corresponde al paraíso terrenal, el Edén Primordial que el mito lusitano identifica insistentemente con el futuro Quinto Imperio del Mundo (véase pág. 56) que traerá el reino de la felicidad, dirigido por *Melki-Tsedeq*, el *Emperador Universal*.

En el Antiguo Egipto, *Melki-Tsedeq* tenía su equivalente en la figura de Ptah; en la India lo llaman Chakravarti; los antiguos de la Rosacruz lo reconocían como Rotan; y es así como fue reconocido por los masones en el siglo XVIII bajo el nombre de *Superior Incógnito* o *Emperador Universal*.

En el siglo XII, durante el reinado de San Luis de Francia, el nombre de *Melki-Tsedeq* fue reemplazado en los relatos de los viajes de Carpin y Rubruquis por el de *Prestes João* (sacerdote o presbítero Juan) que vivía en un misterioso país en los confines del norte de Asia. *Preste* significa «presbítero» o «sacerdote» y Juan es una referencia tanto a Juan Bautista como a Juan Evangelista que escribió el *Apocalipsis*, una referencia muy clara al sacerdocio del «Rey del Mundo».
Las tres religiones del Libro (judaica, cristiana e islámica) coinciden en que es por Él que vendrá el Reino de la Concordia Universal sobre la Tierra.
Las primeras referencias al sacerdote Juan llegaron a Europa en 1145, cuando Hugo de Gebel, obispo de la colonia cristiana del Líbano informó al Papa de la existencia de un reino cristiano situado «más allá de Persia y Armenia» y gobernado por un rey-sacerdote llamado Johannes Presbyter (Juan, el presbítero, o el sacerdote, el Anciano). Sería un descendiente de uno de los Reyes Magos que visitaron al Niño Jesús en Belén.
El primer documento conocido sobre este misterioso personaje es la famosa *Carta del presbítero Juan* destinada a Manuel I Comneno, emperador de Bizancio; a Barbarroja, Emperador del Sacro Imperio Germánico; y al papa Alejandro III. Según parece este documento provenía de Portugal. La versión original más antigua se encuentra en los Registros del Monasterio de Alcobaça y data de finales del siglo XIV.
Impresa por primera vez en italiano, en Venecia en 1478, inspiró otras obras italianas, como la versión en verso de *Tratacto del maximo Prete Janni* (Venecia ¿?, 1494) de Giuliano Dati, todo ello en la misma época en que Marco Polo regresaba a Venecia y mencionaba la existencia de un presbítero Juan, soberano de la iglesia de Etiopía. Por otra parte, durante los siglos XV y XVI, aparecieron diversas cartas remitidas desde la India por el Preste Juan a los soberanos portugueses (Don Juan II, Don Manuel I e incluso Don Sebastián que recibió, según dicen, una embajada del Preste Juan en su palacio de Lisboa). Éstos también mandaron embajadores a su corte, como el notorio caso de Pêro da Covilhã, enviado por Don Alfonso V.

El mito del Preste Juan fue ampliamente divulgado por los Templarios e impulsó fuertemente los Descubrimientos Marítimos Portugueses cuya intención era, aparentemente, incentivar la conquista cristiana de nuevas tierras y obtener muchas riquezas. En realidad, se trataba de establecer una unión entre Portugal y el Centro Primordial del Mundo, llamado *Salem* o *Shamballah*.

LA SIMBOLOGÍA DE LA FUENTE BICÉFALA MANUELINA

17

Museu Nacional de Arte Antiga
Rua das Janelas Verdes
• Horario: martes de 14 a 18 h. Jueves a domingo de 10 a 18 h
Cerrado lunes y sábado
• Autobús: n° 60

"*La fuente de un hermafrodita alquímico*"

Sin lugar a dudas, el objeto más extraño expuesto en el *Museu Nacional de Arte Antiga* es la llamada *Fonte Bicéfala* (Fuente Bicéfala), comprada a un particular en 1939.

Hecha de piedra caliza, fue fabricada en un taller de Lisboa en el siglo XIV, entre 1501 y 1515, con objeto de abastecer de agua la ciudad. Es el objeto civil más extraño de la colección de esculturas portuguesas de este museo. A través de la característica columna entrelazada de estilo manuelino, la fuente asocia dos cabezas coronadas y dos blasones en relieve que representan respectivamente una esfera armilar y una red de pesca. Eran las divisas de Don Manuel I y de Doña Leonor, su tercera esposa.

Para los historiadores de arte, esta pieza es muy enigmática en cuanto a su origen y a la representación antropomórfica que la caracteriza, pero posee un importante significado simbólico. Las escamas que decoran la columna entrelazada recuerdan a una serpiente, clara referencia al agua de la que este reptil es el guardián, y de la que el Rey posee el poder y asegura la justa distribución.

El siglo XVI fue una época de contrastes en Portugal, de modernismo y conservadurismo, de innovación y tradición, que se caracteriza en el arte manuelino. Si por un lado las piezas revelan la constancia de modelos medievales, por el otro, como en el caso de esta escultura, presentan innovaciones de origen franco-italiano que llegan a través de la importación directa de piezas o mediante la estancia de maestros constructores ibéricos y franceses en Portugal.

En esta obra, la unión de la red de pesca y de la esfera armilar es excepcional, y de hecho sólo se repite en el *Pelourinho d'Óbidos*. Es una señal inequívoca de la alianza matrimonial de Doña Leonor de Austria y Don Manuel I de Portugal. En cuanto a la serpiente, es un símbolo muy antiguo ligado a la tierra por su condición rampante, y a las aguas primitivas del océano, por lo que también representa la fuente de la vida para todos los seres de la Tierra. Don Manuel I era un simpatizante convencido de la filosofía hermética, en boga en esa época, por lo que esta pieza probablemente simbolice también el *Rebis* (o *Hermafrodita Alquímico*), que representa la unión de los opuestos, tan necesaria para la realización espiritual del ser humano.

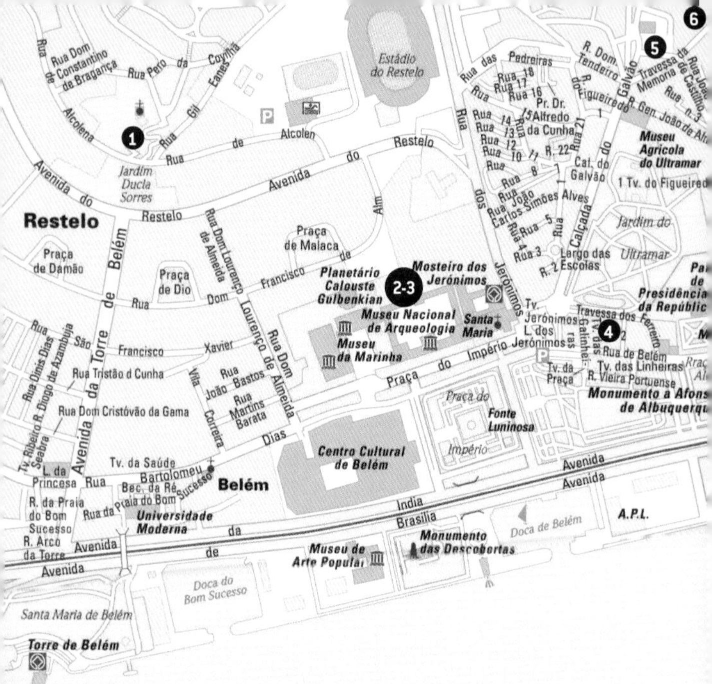

BELÉM - SANTO AMARO - AJUDA

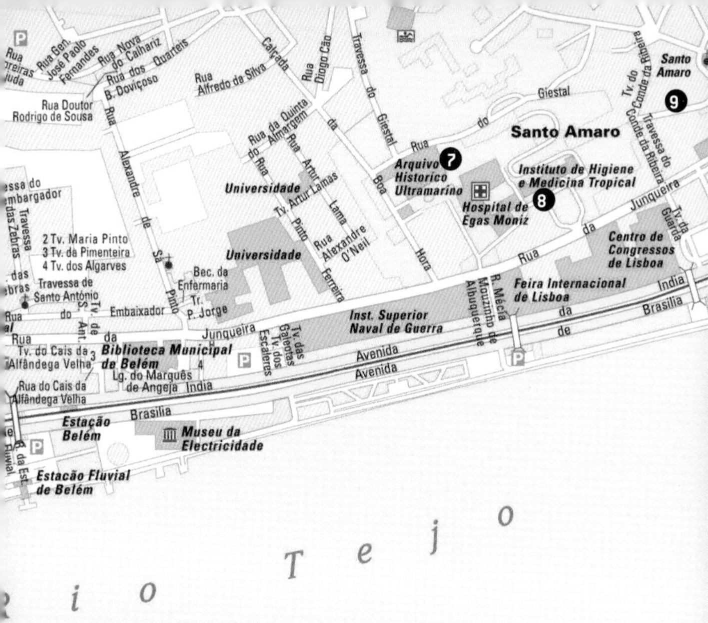
Santo Amaro
Arquivo Historico Ultramarino
Instituto de Higiene e Medicina Tropical
Hospital de Egas Moniz
Universidade
Universidade
Centro de Congressos de Lisboa
Feira Internacional de Lisboa
Inst. Superior Naval de Guerra
Biblioteca Municipal de Belém
Lg. do Marquês de Angeja
Estação Belém
Museu da Electricidade
Estacão Fluvial de Belém
Rua Doutor Rodrigo de Sousa
Rua Alfredo da Silva
Rua Diogo Cão
Travessa do Giestal
Rua do Giestal
Calçada da Boa Hora
Rua Alexandre de Sá Pinto
Rua Artur Lama
Tv. Artur Lamas
Rua Alexandre O'Neil
Rua Pinto Ferreira
Rua da Quinte do Almargem
Rua da Junqueira
Travessa do Conde da Ribeira
Tv. do Conde da Ribeira
Tv. da Guarda
R. Mécia Mouzinho de Albuquerque
Avenida da India
Avenida de Brasília
2 Tv. Maria Pinto
3 Tv. da Pimenteira
4 Tv. dos Algarves
Travessa de Santo António
Rua do Embaixador
Bec. da Enfermaria
Tr. P. Jorge
Tv. das Galeotas
Tv. dos Escaleres
Tv. do Cais da Alfândega Velha
Rua do Cais da Alfândega Velha
Rua Nova do Calhariz
Rua dos Quartéis
B. Doviçoso
Rua Gen. José Paolo Fernandes
Rio Tejo

CAPILLA DE S. JERÓNIMO

1

Avenida da Torre de Belém
• Se puede visitar previa reserva ante el servicio educativo del Monasterio de los Jerónimos
• Tel.: 21 362 00 34
• Autobús: nº 43

La capilla olvidada de Boitaca

La capilla de S. Jerónimo está situada en lo alto del recinto del Monasterio de Santa María de Belém, en un precioso jardín desde donde se puede disfrutar de una de las más hermosas vistas sobre el río y una parte de la ciudad.

Concebida por el francés Diogo Boitaca, arquitecto responsable de la primera fase del Monasterio de los Jerónimos, la capilla ya estaba en construcción en 1514, finalizándose en 1517 gracias al maestro de obra portugués Rodrigo Afonso. El plano de la capilla es un cuadrado de unos 11 metros de longitud. Seis gárgolas de inspiración renacentista destacan sobre las paredes lisas y una pequeña cruz domina la fachada principal. La puerta delantera, muy pequeña, está decorada en su parte superior con las armas manuelinas: los cinco blasones, la corona y las esferas armilares.

En su interior destaca un arco de triunfo polilobulado con alcachofas en las pechinas y espirales. El blasón de San Jerónimo adorna la clave de la bóveda. La bóveda de la nave, de trazo elegante y con ricas decoraciones similares a la cúpula estrellada, representa un buen ejemplo arquitectónico. Si bien el ábside ha tenido tres altares recubiertos de azulejos sevillanos del siglo XV, la estructura actual es del siglo XX, aunque se han conservado los azulejos originales. Esta capilla, donde fue enterrado Pina Manique (1733-1805), fundador de la Casa Pia de Lisboa, es una de las tres que el rey D. Manuel I mandó construir en Belém, cada una en un extremo del recinto del gran terreno de los Jerónimos. Además de la capilla, está la *Ermida de Nossa Senhora do Restelo* (capilla de Nuestra Señora de Restelo), contemporánea del Infante D. Enrique y hoy desaparecida, y la del *Santo Cristo*, cerca del campo de fútbol de *Os Belenenses*.

En cierto modo, estas tres capillas simbolizan la Trinidad: la capilla del Cristo representaba al Padre, la capilla de Nuestra Señora de Restelo, a la Madre, y la de San Jerónimo al Hijo.

EL ARTE MANUELINO: UN ARTE DE TRANSICIÓN DE LAS TINIEBLAS A LA LUZ, MUY PRESENTE EN LA DECORACIÓN DE LAS PUERTAS Y VENTANAS.

El *arte manuelino*, también llamado *gótico portugués tardío* o *flamígero*, es un estilo arquitectónico, escultórico y de mobiliario que se desarrolló en el siglo XVI durante el reinado de D. Manuel I. Es una variación portuguesa del estilo gótico final así como del arte luso-morisco o mudéjar, marcado por una sistematización de motivos iconográficos propios, de gran porte, simbolizando el poder regio. El término «manuelino» fue creado por Francisco Adolfo Varnhagen en su *Notícia Histórica e Descritiva do Mosteiro de Belém* [*Noticia histórica y descriptiva del Monasterio de Belém*] en 1842.

Esta tendencia artística del manuelino era conocida, en la época, como la variante portuguesa de la arquitectura *ad modum hispaniae* [al modo hispánico] que, por su parte, estaba incluida en la corriente arquitectónica *ao moderno* [moderna], expresión utilizada para el gótico tardío. Esta corriente se oponía a la arquitectura *al modo antiguo* o *a la romana*.

El estilo manuelino fue oficialmente inaugurado en Portugal por el francés Diogo Boitaca, jefe de la cofradía de los Maestros Constructores. Hizo sus primeros intentos en el Palacio Real de Sintra antes de ejecutar su obra maestra, el monumental Monasterio de los Jerónimos en Belém. Tratándose sobre todo de un estilo de paso, de transición de las tinieblas a la luz, el manuelino está muy presente en la decoración de las puertas y ventanas. Tampoco enmascara la estructura de los edificios al mantenerlos libres de ornamentación innecesaria: las paredes exteriores o interiores están generalmente desnudas, concentrándose la decoración en determinados elementos estructurales de paso, como columnas, pilares, arcos, frisos, óculos y contrafuertes, además de túmulos, fuentes, cruceros, etc.

El manuelino, arte esencialmente ornamental, se caracteriza también por aplicar determinadas fórmulas técnicas de altura como las columnas y las bóvedas con múltiples nervaduras. Es precisamente en la escultura donde el manuelino muestra su etapa de mayor madurez y hegemonía, ya que su simbolismo decorativo es reconocido como un estilo portugués propio, y no como una aliteración de otros estilos europeos. Los escultores y arquitectos de Portugal definieron, en este contexto, un estilo de una originalidad vigorosa que hoy sigue destacando en el patrimonio artístico portugués. El «discurso» artístico presente en el estilo manuelino estuvo considerablemente influenciado por la propia personalidad del rey D. Manuel I [1469-1521] y por sus propias aspiraciones en el proyecto de una cruzada que unificaría el mundo cristiano de Occidente con el mítico reino cristiano oriental del Preste Juan [véase pág. 168], convirtiéndolo en el «Rey de los Mares» [de hecho, así fue llamado por diversos autores extranjeros].

El estilo manuelino transmite en gran medida estas aspiraciones mesiánicas de un Rey cuyo ascenso al poder fue, como mínimo, insólito, tras la muerte de otros herederos directos al trono [como el príncipe D. Alfonso y su hermano D. Diego, asesinado]. Varias fueron las «señales» que indicaban que este Rey era el «Elegido» por Dios para cumplir grandes hechos: desde la transposición de la *Sfera Mundi*, la esfera armilar que se le atribuyó como divisa, hasta la interpretación de su propio nombre, *Emanuel*, («Dios con nosotros» en hebreo). Su propia concepción política, influenciada por su preceptor Diego Rebelo y por el joaquinismo -que esperaba la próxima llegada del Mesías (de Joaquín de Fiore, véase pág. 188)-, le haría creer que estaba destinado a fundar un nuevo reino en el mundo, un tema que más tarde retomaría el Padre Antonio Vieira bajo el nombre de Quinto Imperio (véase pág. 64).

Para obtener más información sobre la Cabalá, vea la siguiente página doble.

Para más información sobre Infant Dom Henrique, Illuminated, ver p. 182.

HUELLAS DE LA *KABBALAH* EN EL PÓRTICO SUR DEL MONASTERIO DE LOS JERÓNIMOS ❷

Monasterio de Santa María de Belém
Praça do Império
• Horario: de martes a domingo de 10 a 17 h (de octubre a abril) y de 10 a 18:30 h (de mayo a septiembre)
• Autobús: nºs 27 y 49

Los Jerónimos y la Kabbalah

En la tradición esotérica judeocristiana, la *Kabbalah* es la vía del entendimiento y de la realización espiritual del hombre en Dios, camino que se recorre paulatinamente a través del Árbol de la Vida dotado de 10 atributos divinos llamados Esferas o *Sefirot* (véase pág. 181).

Este Árbol, que representa la vía de comunicación entre Dios y la comunidad de los hombres, la Iglesia, y viceversa, está retratado de forma singular en el pórtico sur del Monasterio de los Jerónimos. Evoca la presencia del poder divino en el mundo humano.

La línea vertical central conecta en su extremo inferior con el infante Enrique de Sagres (10), el Iluminado, que representa a la comunidad de los hombres y, en el extremo superior con el Arcángel San Miguel (1), emisario de Dios. La Virgen y el Niño (6) garantizan la mediación entre el hombre y Dios.

He aquí la relación entre los 10 *Sefirot* y las 10 figuras correspondientes del pórtico:

1. KETHER ELION (corona de Dios). En la cima, donde está el Arcángel San Miguel, emisario de Dios. Corresponde con *Metratón*, el intermediario entre el Cielo y la Tierra.

2. CHOKMAH (sabiduría) y 3. BINAH (entendimiento). Corresponden con los Padres y Doctores de la Iglesia.

4. CHESED (misericordia) y 5. GEBURAH (fuerza, temor). Corresponden con los profetas y las sibilas, es decir, con los tiempos previos a la llegada de Cristo.

6. TIPHARETH (belleza). En el centro de la imagen está la *Virgem Nossa Senhora dos Reis Magos* (Nuestra Señora de los Reyes Magos).

7. NETZACH (victoria, resistencia pasiva de Dios) y 8. HOD (gloria, fuerza activa de Dios). Pertenece completamente a la ética martirial y evangelizadora de los apóstoles de Cristo.

9. YESOD (fundamento). Dominado por el pequeño San Sebastián, representación del alma oculta (véase texto sobre el sebastianismo, pág. 116).

10. MALKUTH (reino). Este *Sefirot*, el reino de Dios en la tierra, está representado por el infante Don Enrique, el Iluminado, que ostenta el estatus privilegiado de representante de la comunidad de los hombres ante Dios. También encarna la naturaleza femenina de la *Shekinah* (o Espíritu Santo) del que fue *una encarnación divina momentánea*, iniciador del período de los grandes descubrimientos marítimos, inicialmente liderados por él.

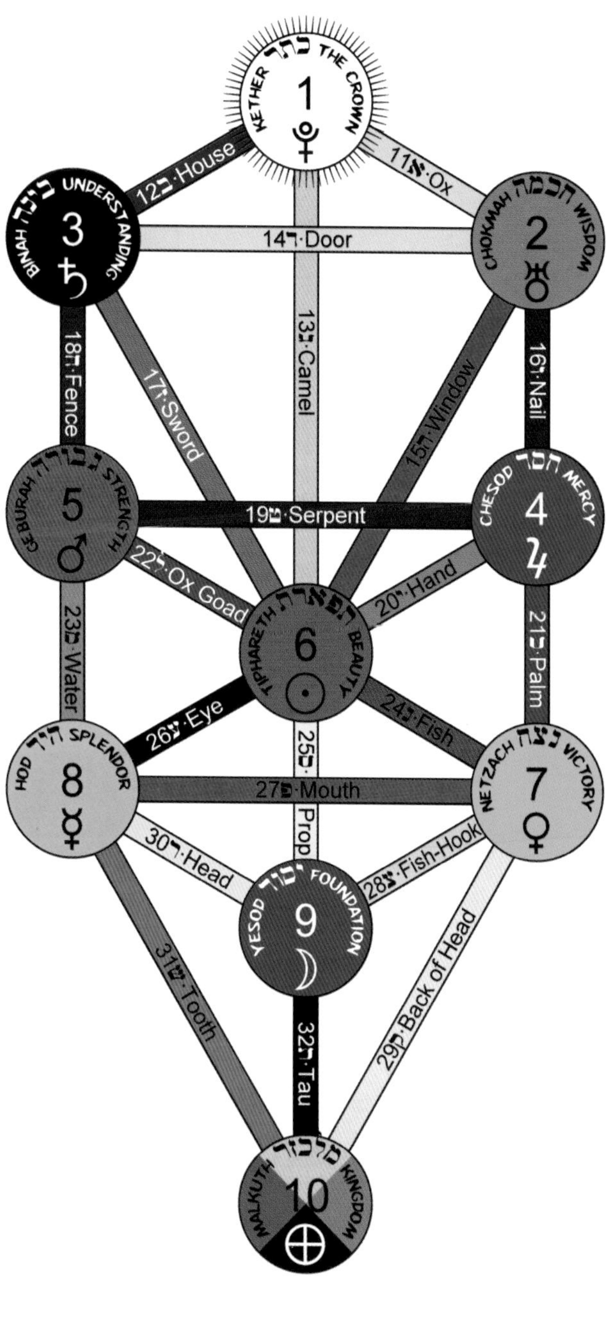

כתר KETHER THE CROWN
1
חכמה CHOKMAH WISDOM
2
בינה BINAH UNDERSTANDING
3
חסד CHESOD MERCY
4
גבורה GEBURAH STRENGTH
5
תפארת TIPHARETH BEAUTY
6
נצח NETZACH VICTORY
7
הוד HOD SPLENDOR
8
יסוד YESOD FOUNDATION
9
מלכות MALKUTH KINGDOM
10
11א·Ox
12ב·House
13ג·Camel
14ד·Door
15ה·Window
16ו·Nail
17ז·Sword
18ח·Fence
19ט·Serpent
20י·Hand
21כ·Palm
22ל·Ox Goad
23מ·Water
24נ·Fish
25ס·Prop
26ע·Eye
27פ·Mouth
28צ·Fish-Hook
29ק·Back of Head
30ר·Head
31ש·Tooth
32ת·Tau

LA KABBALAH IBÉRICA

El origen de la *Kabbalah* o Cábala [*Tradición* en hebreo] se pierde en la noche de los tiempos. El pueblo hebreo heredó este conocimiento esotérico y secreto de los sabios egipcios, adaptándolo a su monoteísmo tras su éxodo de Egipto liderado por Moisés.

Al distanciarse los fariseos y los saduceos del correcto entendimiento del Pentateuco recopilado en el Talmud, surgió una nueva corriente, la de los «puros» [o esenios]. Éstos se convirtieron en los fieles garantes de la sabiduría de la *Kabbalah* hasta la llegada de Jesucristo, que inmediatamente la asimiló a su pensamiento. Después de Cristo, la *Kabbalah judaica* fue asimilada por la corriente de los gnósticos cristianos de Alejandría y adaptada a su propio concepto del Universo y del Hombre. De este modo nació la *Kabbalah judeocristiana.*

En el siglo XII, la idea de la *Kabbalah* fue recogida en la obra del rabino Moisés de León *Sepher-Ha-Zohar* [*El Libro de los Esplendores*], escrita en León pero concebida en Lisboa. Esta obra, junto a *Sepher-Ha-Yetzirah [El Libro de la Creación]* del siglo III d. C., constituye el sistema cabalístico. Sus orígenes remontarían a la *Maasseh Merkavah*, el primer sistema místico judaico que interpretaron, en el siglo I d. C., los textos sagrados de la Torá, creando de esta forma una nueva doctrina que inicialmente se transmitió oralmente [*shebeal pe*] entre sus fieles [*iordei merkavah*].

En el *Sepher-Ha-Yetzirah*, que trata del Universo y de las leyes que lo rigen, el patriarca Abraham destaca la comprensión de la Naturaleza y de sus manifestaciones como emanaciones de Dios. Los diversos Planos de la Creación forman diez Esferas [*Sefirot*] enlazadas entre sí que representan los caminos de la realización espiritual del cabalista, formando así el Árbol de la Vida [*Otz Chaim*]. El Espíritu hecho Palabra o Verbo es la primera Esfera y el Soplo, la segunda Esfera que emana de ella y engendra a las demás mediante combinaciones de letras. La tercera es la del Agua que produce la tierra y la materia. La cuarta Esfera es la del Fuego que alimenta la vida. Las seis últimas Esferas corresponden a los cuatro puntos cardinales y a los dos polos.

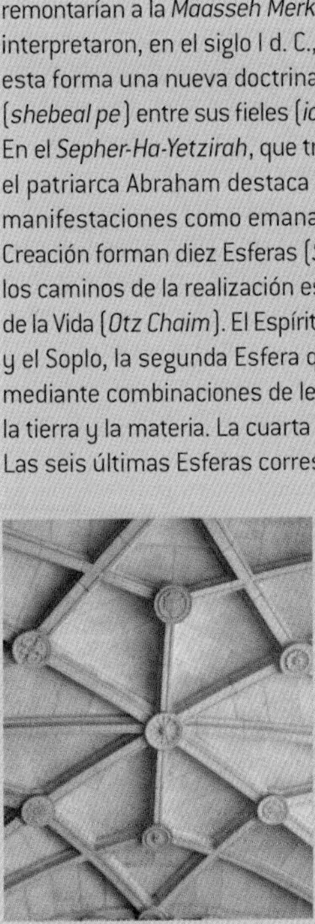

Al contrario de la *Kabbalah rabínica* atribuida a Isaac Luria, oriundo de Jerusalén, los sefardíes ibéricos practicaban la *Kabbalah profética*. Atribuida a Abraham Abulafia [1200 d. C.], es la principal fuente del milenarismo español*, del sebastianismo portugués** y demás corrientes gnósticas luso-europeas como los Maestros Constructores del siglo XVI y la masonería portuguesa de los albores del siglo XIX.

*Milenarismo español: doctrina apocalíptica del Final de los Tiempos y de la venida del Mesías universal.
** Sebastianismo portugués: doctrina apocalíptica sobre el advenimiento del Mesías como rey de Portugal.

DON ENRIQUE: UN INICIADO QUE UTILIZÓ EL TESORO DE LOS TEMPLARIOS PARA FINANCIAR LOS GRANDES DESCUBRIMIENTOS

Hijo del rey Don Juan I y de la reina Dña. Filipa de Lancaster, el infante D. Enrique de Avis y Lancaster nació en Oporto en 1394 y residió durante mucho tiempo en Viseu y Tomar. Fue en el Algarve, durante el memorable periplo de Lagos y Sagres, donde desarrolló su obra de expansión marítima cuyos efectos se sienten aún hoy en día. Falleció el 13 de noviembre de 1460. Su cuerpo fue trasladado a la iglesia de Santa María de Lagos, sede en esa época de la Confraria do Compromisso (Cofradía del Compromiso). Un mes más tarde, en 1461, cumpliendo las órdenes de su tío, el rey Don Alfonso V, sus restos mortales fueron trasladados al monasterio de Santa Maria da Vitória, comúnmente conocido como Batalha. Diego Gomes, un noble que había presenciado su muerte, relató los acontecimientos y aseguró que, pasados casi dos meses de su muerte, el cuerpo de Don Enrique no había sufrido ninguna alteración.
Importante personaje de la historia de Portugal, «Iluminado por el Espíritu Santo, nacido y criado en el misterio divino» según su cronista, Gomes Eanes de Zurara (1410-1474), el infante Don Enrique fue sin lugar a dudas el pensador y gran arquitecto de lo que más tarde se llamó «Epopeya marítima de la Gesta Henriquina».
Encarna las prerrogativas espirituales del Santo Espíritu, es decir, las cualidades de la Tercera Persona de la Santisima Trinidad que los orientales denominan Shiva o Siva, anagrama de Avis, dinastía de la que fue su más ilustre representante.
Maestro supremo y secreto de la misteriosa, pero soberana, Orden de Mariz (Allath-Maridj), octavo Gran Maestre y administrador de la Orden Militar de Nuestro Señor Jesucristo, fundador de la Orden de la Jarretera británica en Tomar, que sirvió de modelo a la Orden británica del Cardo, cuyo patrono era en ambos casos San Jorge, el infante Don Enrique eligió el Divino Santo Espíritu como santo protector.
A él se debe la traducción del hebreo del libro *Segredo dos Segredos de Astrologia* (*Secreto de los secretos de la astrología*), un tratado basado en la filosofía aristotélica pero que también explica la astrología cabalística. El libro fue ampliamente consultado por los navegantes de la escuela naval de Sagres: sus conocimientos en astrología y astronomía les permitieron trazar sus rutas marítimas según la posición de los astros.
Último administrador del supuesto «Tesoro del Templo», Don Enrique se sirvió de los bienes heredados de los antiguos templarios para financiar grandes descubrimientos. Fue también un gran estudioso y reformó en profundidad la Universidad de Lisboa: a las disciplinas existentes a principios del siglo XV (Leyes- Decretos - Gramática - Lógica - Física - Filosofía - Teología - Música), Don Enrique añadió en 1431 la Medicina, la Filosofía Natural y Moral, la Aritmética, la Geometría y la Astrología.
Zurara, cronista del infante Enrique de Sagres, era un hombre culto, conocedor de las ciencias ocultas de la Kabbalah y de la astrología, como lo demuestran sus crónicas. Su probable origen de «nuevo cristiano»

(judío converso) se revela en su Crónica del descubrimiento y conquista de Guinea, donde resalta la carta astral del ilustre infante diciendo: «Sin embargo, deseo describir aquí como por una causa natural, este honrado Príncipe tenía predilección por estas cosas [esotéricas]. Todo ello porque tenía su ascendente en Aries -casa de Marte y exaltación del Sol-. Y como el susodicho Marte estaba en Acuario -casa de Saturno- y en la casa de la Esperanza, esto significaba que este Señor se dedicaba a nobles y grandes conquistas, buscando en particular cosas que estaban ocultas y eran secretas para los demás hombres, según la cualidad de Saturno, en cuya casa está. Y como está acompañado por el Sol, tal y como he dicho, y que el Sol está en la casa de Júpiter, esto significaba que todos sus tratados y conquistas serán llevados a cabo con lealtad, con el beneplácito de vuestro Rey y Señor».

LOS SÍMBOLOS DE LAS PUERTAS DE LAS CELDAS DE LOS MONJES JERÓNIMOS

3

Monasterio de Santa María de Belém
Praça do Império
• Horario: de martes a domingo de 10 a 17 h (de octubre a abril) y de 10 a 18 h (de mayo a septiembre)
• Autobús: nºs 27 y 49

Los jerónimos y la teoría de las tres edades del mundo por Joaquín de Fiore

Las celdas de los monjes jerónimos del monasterio de Santa María de Belém comunicaban con el claustro y el interior de la iglesia. Aún hoy, se aprecian sobre las puertas de estas estrechas habitaciones unos sorprendentes símbolos. Fundada en Italia en 1377, la Orden religiosa de los Jerónimos es la sucesión del movimiento impulsado por Tommasucio da Duccio -originariamente miembro de la Tercera Orden de San Francisco de Asís- que tendía hacia una espiritualidad iluminada de los *Padres del Desierto* de los que San Jerónimo formaba parte.

La espiritualidad de los monjes de la orden se centraba en la *oración mental* sobre la sabiduría de Cristo, tal y como la practicaba San Jerónimo. Los jerónimos seguían las teorías mesianistas y milenaristas de los *fratelli* franciscanos, inspirados por Joaquín de Fiore, autor de la teoría de las tres edades del mundo (véase siguiente página doble). La última de estas tres edades, la del Espíritu Santo, estaba representada por *Emmanuel*, que era al fin y al cabo el nombre de D. Manuel, lo que explica en parte la donación de este monasterio a los jerónimos venidos de Penha Longa de Sintra para instalarse aquí.

En una de las celdas aparece esculpido el *Jano* o *Cristo Tricéfalo*, indicador de las tres edades del mundo: el Pasado para el Padre y Adán (asociado a Jerusalén), el Presente para el Hijo y Cristo (Roma), el Futuro para el Espíritu Santo y San Benito (Joaquín de Fiore era cisterciense, luego benedictino) (Lisboa).

Esta idea se repite en otras composiciones como la de los tres perros juntos, que representan los guardianes de la Iglesia universal (*domini-canes*, perros del Señor, es decir los guardianes de la *Sabiduría tradicional*) o la de los tres Aires de la Alquimia: el *Azufre*: para el Espíritu y el Padre (aquí un águila sobre la cabeza de un moro), el *Mercurio*: para el Alma y el Hijo (aquí una cabeza coronada por dos ángeles, símbolos del andrógino alado), y la *Sal:* (aquí un dragón alado con una cabeza bafomética con tres cuernos) (véase pág. 209) para el Cuerpo y el Espíritu Santo. La *Plata* está representada por una reina coronada y el *Oro* por el propio Mercurio laureado.

Etimológicamente, *Jerónimo* o *Hierónimo* proviene de *Hiero-Manas*: Mente iluminada o Sabiduría universal.

JOAQUÍN DE FIORE Y LAS TRES EDADES DEL MUNDO

Joaquín de Fiore (Gioacchino da Fiore) nació en Celico, provincia de Cosenza en Calabria (Italia) hacia 1132 y falleció en 1202 en la pequeña abadía de San Martino di Canele, en Calabria, siendo su cuerpo trasladado a la abadía de San Giovanni in Fiore.

Hijo de Maurus de Celico, un notario al servicio de los reyes normandos de Sicilia, Joaquín creció en la corte, pero su vocación religiosa le llevó a peregrinar a Tierra Santa para profundizar su fe, entregándose a un intenso misticismo. Cuentan que durante la Cuaresma, estando en contemplación ante el Monte Tabor, tuvo una visión y recibió la inspiración divina que le guiaría toda su vida.

De regreso a Italia, tomó el hábito benedictino en la abadía de Corazzo y fue ordenado sacerdote. Se dedicó entonces exclusivamente al estudio de la Biblia, investigando el significado profundo de las Santas Escrituras. Famoso por su honradez y sabiduría, Fiore fue elegido abad, pero pidió una dispensa al papa Lucio III que le relevó de sus funciones en 1182 para que pudiera consagrarse a sus estudios.

Pasó los siguientes años en la abadía de Casamari, trabajando en sus libros, ayudado por Luca Campano, un joven monje que más tarde se convertiría en arzobispo de Cosenza. Cada vez más absorto en sus estudios, Joaquín de Fiore se retiró a la ermita de Pietralata y fundó la abadía de Fiore en los montes de Calabria. Esta abadía se convirtió en el centro de una nueva orden independiente, siempre basada en la Regla y en los Estatutos benedictinos de la Orden del Císter pero más rigurosa y mística, los *Joaquinistas* o *Florenses*, en homenaje a su fundador.

Al fallecer, se le veneró como santo a pesar de no haber sido nunca oficialmente beatificado. En vida fue considerado un Iluminado con espíritu profético.

El carácter revolucionario de su pensamiento apocalíptico y profético se enfocaba sobre todo en la reforma de la Iglesia, contando para ello con numerosos apoyos. Puede sorprender, efectivamente, que numerosas ideas joaquinistas, condenadas por el Concilio de Letrán en 1215, estén implícitamente aceptadas por los franciscanos y por reconocidos miembros del clero, a pesar de denunciar aspectos mundanos y capitalistas en los que contribuían activamente. El pensamiento de Joaquín de Fiore se expresa en sus tres principales libros: *Psalterium Decem Chordarum, Liber Concordiae Novi et Veteris Testamenti* y *Expositio in Apocalypsim*.

Dividió la historia de la Humanidad en tres etapas distintas, mediante cálculos y analogías con acontecimientos narrados en el Antiguo Testamento, que luego identificó en el Nuevo Testamento: 1) la Edad del Padre que empieza en Adán y finaliza en Cristo, un total de 1260 años narrados en el Antiguo Testamento; 2) la Edad del Hijo, que también debía durar más o menos 1260 años (lo que posteriormente permitiría a unos místicos cambiar la fecha del inicio de la Tercera Edad), descritos en el Nuevo Testamento; y 3) la Edad del Espíritu Santo, que se iniciaría tras la

derrota del Anticristo y cuyo texto sagrado, el *Evangelio eterno,* sería una fusión de los dos textos anteriores [el Antiguo y el Nuevo Testamento], que guiaría una época de fraternidad universal donde cristianos, judíos y árabes vivirían en paz en una atmósfera espiritualizada. Sería, por excelencia, la edad de los monjes [sacerdotes], pero sin excluir a los laicos. Cada edad duraría 40 generaciones y sería anunciada por un precursor. Osías era el de la segunda edad iniciada por Zacarías, padre de Juan Bautista. San Benito era el precursor de la tercera edad. La primera edad había sido la de la esclavitud, la del matrimonio, caracterizada por el miedo [de los sacerdotes casados del Antiguo Testamento]; la segunda, la de la obediencia filial, caracterizada por la fe y el sacerdocio; la tercera sería la del monacato y la libertad, caracterizada por la caridad. El *Evangelio eterno* sería el libro al que se refiere San Juan en el *Apocalipsis*, 14.6: «Ví volar por en medio del cielo a otro ángel, que tenía el evangelio eterno para predicarlo a los moradores de la tierra, a toda nación, tribu, lengua y pueblo».
A través de este breve resumen podemos evaluar el impacto causado por las ideas de Joaquín de Fiore entre sus seguidores. Más tarde, los franciscanos también las adoptaron y se aliaron rápidamente con los representantes de la tercera edad, cuyo heraldo era San Francisco de Asís. Estas ideas se propagaron rápidamente desde el sur de Italia, desde Sicilia hacia la Provenza [donde aparecen en los *Lais de Amor* y en la *Romance da Rosa,* en la parte escrita por Jean de Meug], hacia Aragón [por Arnardo de Vilanova y Raimundo Lúlio] y Portugal [en la persona de la reina Santa Isabel]. Posteriormente, encontramos claramente la influencia de la idea del Advenimiento en la ortodoxia religiosa de los jesuitas. Es entonces cuando aparece el pensamiento iluminado del jesuita Antonio Vieira, que intercaló dos edades suplementarias a las de Fiore, relacionadas con Sebastián Rey y Sebastián Santo. Esto concuerda con el significado escondido del *Veltro* de la *Divina Comedia* de Dante. El *Veltro*, que Papini considera como el símbolo del Espíritu Santo [*Veltro de Dio*], tiene su origen en el nombre de *Evangelio eterno* de Joaquín de Fiore y señala al clero o al papado, del mismo modo que la Corona o el Trono, renovados por el Espíritu Santo, inauguran una nueva era de paz y libertad universales.

LA ALQUIMIA Y LAS ÓRDENES RELIGIOSAS DE LA EDAD MEDIA Y DEL RENACIMIENTO

Para la mayoría de las órdenes religiosas medievales y renacentistas, la *Alquimia* (del copto, *Allah-Chêmia,* o química divina) era considerada como *Arte del Espíritu Santo* o *Arte Real* de la creación divina del Mundo y del Hombre. Estaba enlazada con la doctrina católica ortodoxa.

Los adeptos a este Arte lo dividen en dos aspectos principales: la *Alquimia espiritual,* que tiene que ver exclusivamente con la Iluminación del alma, que transforma los elementos impuros del cuerpo en estados refinados de conciencia espiritual, también llamada el *Camino de los Penitentes*; y, la *Alquimia de laboratorio,* llamada *Camino de los filósofos*, creada en el laboratorio y que reproduce el universo alquímico de la transmutación de los elementos impuros de la naturaleza en metales nobles, como la plata y el oro. Normalmente estas dos prácticas alquímicas se ejercen juntas, convirtiéndose de este modo en un *Camino de los Humildes*, donde la humildad es la del hombre postrado ante la grandeza del universo reproducido en el *laboratorio* (en latin *labor + oratorium*); la alquimia del alma (interior) se expresa exteriormente en el laboratorio.

Los que practican la *Alquimia de laboratorio* con el único propósito de buscar plata y oro, descuidando los aspectos esenciales de la realización del Alma, fracasarán y se convertirán en *charlatanes*. Seguramente serán cultos pero no tendrán las cualidades morales necesarias. Para evitar convertirse en un *charlatán*, (la Iglesia condenaba este tipo de herético), el adepto debía equilibrar su espíritu y su corazón, su cultura y sus cualidades morales, su penitencia y su humildad, convirtiéndose así en un verdadero filósofo. La tradición alquimista ha conservado numerosos vestigios en Portugal, como en el Convento de Cristo en Tomar donde se practicaba la *Espagíria* -fábrica de elixires naturales o de medicinas para ayudar a los más necesitados-, o en el *Convento dos Capuchos da Serra de Sintra* (convento de los Capuchinos de la Serra de Sintra) y en el convento de *São Diniz de Odivelas* donde Doña Feliciana de Milão (1642-1705) redactó su *Discurso sobre la Piedra Filosofal.* En el *Convento do Carmo*, en Lisboa, también se puede admirar una tumba decorada con un alquimista rodeado de instrumentos de su arte (véase pág. 139).

Antiguas crónicas relatan que Raimuno Lúlio, Arnaldo de Vilanova y Paracelso estuvieron en Lisboa, pero también existen desde el siglo XIII famosos alquimistas portugueses, como Pedro Hispano (el único Papa portugués, llamado *Juan XXI*) que estuvo en contacto con Alberto el Grande y su discípulo Tomás de Aquino, y que escribió el único tratado alquímico sobre las aguas: *Tractatus Mirabilis Aquarium*. En el siglo XV, el rey de Portugal, D. Alfonso V, escribió un tratado sobre la Piedra Filosofal en dos partes: *Lapis Philosophorum* y *Divisão dos Quatro Elementos* (División de los cuatro elementos). En 1556, la Inquisición acusó al padre Antonio de Gouveia, oriundo de las Azores, de practicar la alquimia y de saber transformar el plomo en oro, al mismo tiempo que incendiaba la biblioteca con obras de alquimia de Fray Vicente Nogueira. En el siglo XVII, el matemático portugués Pedro Nunes se carteaba con el alquimista inglés John Dee, y Duarte Madeira Arrais escribía el tratado de alquimia *Novae Philosophiae*. En el siglo XVIII, el rey Don Juan V ayudó en la impresión de los libros de alquimia de Rafael Bluteau, justamente apodado el «Hermes lusitano», y Anselmo Caetano Munhoz de Abreu e Castelo Branco publicó su famosa obra dedicada a Don Juan V, *Ennoea o Aplicação do Entendimento sobre a Pedra Filosofal* (*Aplicación de los conocimientos sobre la Piedra Filosofal*). En 1724, se editó un libro con imágenes sobre la alquimia, sin ninguna leyenda, un *liber mutus* (libro mudo), que perteneció a la biblioteca del rey Don Carlos. Finalmente, a finales del siglo XIX, y durante el primer cuarto del siglo XX, surgió el luso-brasileño Antonio Augusto Carvalho Monteiro que dejó su finca *Quinta da Regaleira*, en Sintra, hoy el edificio más importante de Portugal que contiene elementos de alquimia asociados a la gnosis católica. De este modo, este lugar privilegiado se convierte en una verdadera *Roseiral Mariano* (Rosaleda de los Filósofos), nombre dado por los antiguos a los tratados de alquimia, ya sean escritos, dibujados, pintados o esculpidos.

CHÃO SALGADO

4

Beco do Chão Salgado
Belém

Recuerdo del escándalo de un atentado simulado

Detrás de la famosa pastelería *Pastéis de Belém* se encuentra el *Beco do Chão Salgado* (callejón de la Tierra Salada), un lugar olvidado por la mayoría de los lisboetas, vinculado a un terrible acontecimiento de la historia de Portugal que conmocionó a la Europa civilizada del siglo XVIII. El marqués de Pombal intentó neutralizar a una parte de la nobleza conservadora y del clero tradicional, representado por los jesuitas, que se oponía a sus reformas sociales. Se cuenta que llegó a simular un atentado contra la persona real de D. José I, el 3 de septiembre de 1758, para culpar a la familia Távora, cercana a los jesuitas, y principal opositora del déspota ilustrado. El atentado tuvo lugar cerca de aquí, donde muy oportunamente se encontraba el palacio de D. José de Mascarenhas, duque de Aveiro, el más distinguido de los Távora. Aunque los Távora negaron todas las acusaciones, fueron condenados a muerte, sus bienes fueron confiscados por la Corona, su apellido borrado del linaje de los nobles, los escudos de armas de la familia hechos trizas, y se prohibió nombrarles. La sentencia ordenó la ejecución de todos, mujeres y niños incluidos. La intervención de la reina Mariana y de Dña. María Francisca, la heredera del trono, salvó finalmente a la mayoría de los Távora, para gran disgusto del marqués de Pombal. La marquesa de Távora no escapó a la muerte: ella y otros cuatro condenados a muerte fueron torturados y ejecutados públicamente el 13 de enero de 1759, cerca de aquí, delante del actual palacio del Presidente de la República. La ejecución alcanzó unos niveles de salvajismo jamás vistos: partieron a mazazos los huesos de las manos y de los pies de los condenados, cortaron sus cabezas, quemaron los restos de sus cuerpos y arrojaron sus cenizas al Tajo. Al mismo tiempo aprovecharon para expulsar a los jesuitas del reino.

Demolieron el palacio del duque de Aveiro y esparcieron sal por el suelo, una maldición deseada por el marqués de Pombal para que no volviese a crecer nada nunca más. Sin embargo, ese mismo año, D. José I mandó erigir un monumento de piedra con cinco anillos esculpidos, correspondientes a los cinco Távora ejecutados. En la base, la lápida funeraria relata los hechos.

LA TUMBA DEL MARQUÉS DE POMBAL

5

Igreja da Senhora do Livramento e São José
Largo da Memória, Freguesia da Ajuda
Horario: de lunes a sábado de 15 a 19 h
Visitas previa cita. Tel. 213635295
Autobús: nºs 27 y 29

Las aventuras póstumas del marqués de Pombal

Por una razón poco conocida, los restos mortales de Sebastião José de Carvalho e Mello, el famoso y controvertido marqués de Pombal (véase pág. 209) están en Ajuda, en una urna de la iglesia *da Senhora do Livramento e Sao José* (Nuestra Señora de la Salvación y San José). Este monumento neoclásico lisboeta fue construido en 1760, dos años después del suceso de los Távora (véase pág. 193). El rey Don José I lo mandó erigir como agradecimiento por haberse salvado del atentado cometido contra su persona en este lugar, hoy conocido como iglesia *da Mémoria* (Memoria).

Sebastião José falleció en Pombal y fue inicialmente enterrado el 8 de mayo de 1782 en la iglesia del convento de *S. Francisco de Nossa Senhora*

do Cardal, vestido con su hábito franciscano y con las insignias de la Orden de Cristo. Durante la tercera invasión francesa de Portugal (1807), el convento fue transformado en cuartel. Con la esperanza de encontrar objetos de valor el sepulcro fue profanado. A pesar de la intervención del general Massena, los soldados abandonaron los restos del marqués en el suelo de la iglesia. En 1856, el mariscal Saldanha ordenó que los trasladaran a Lisboa y el féretro vacío permaneció en Pombal como si de una « reliquia» se tratase. Depositaron los restos mortales del marqués en un sepulcro abandonado que descansaba sobre cuatro elefantes, en la capilla *das Mercés* (Gracias), rua do *Século* (Siglo), donde había sido bautizado el 6 de junio de 1699. Cuando en el siglo XX se tomó la decisión de derruir la capilla, algunos pensaron en tirar el féretro y sus restos junto con la basura de la sacristía, pero el 7 de noviembre de 1910 la Cámara Municipal de Lisboa los acogió en sus archivos. Fue solamente en 1923 cuando fueron trasladados a esta iglesia de la Memoria, por iniciativa del quinto marqués de Pombal y de una comisión republicana presidida por el masón Borges Grainha. La iglesia permaneció cerrada hasta el 23 de diciembre de 1951, fecha en la que por iniciativa propia un grupo de soldados del 7° Regimiento de Caballería la abrió al culto divino. Se volvió a cerrar en 1985, cuando la cúpula quedó gravemente dañada por un rayo. Gracias a unas obras recientes, hoy se puede visitar esta iglesia, previa cita, así como el mausoleo del marqués de Pombal.

LAS SERPIENTES DE LA FUENTE DE LOS 40 CAÑOS

6

Calçada da Ajuda
• Horario: de 9 a 20 h (de abril a septiembre) y de 9 a 18 h (de octubre a marzo). Cerrado miércoles
• Autobús: n°s 714, 732 y 793 - Tranvía: nº 18

> ***"Serpientes enroscadas de dos en dos para simbolizar la unión perfecta de lo femenino y de lo masculino***

Del siglo XVIII, la Fuente de los Cuarenta Caños (Fonte das 40 bicas) del Jardín Botánico de Ajuda también es conocida como la Fuente de las Serpientes. Está decorada con una estatua mitológica de Neptuno, dios griego de los océanos, y con otras obras, como los delfines que decoran las partes laterales y frontales, los hipocampos en lo alto del monumento, y las serpientes que sobresalen, de las cuales dos están enlazadas, lomo contra lomo.

Rodean el pilón superior y dan origen a cantidad de reptiles enroscados en troncos muertos, todo ello conforme al hermetismo propio de la época pombalina. Simbólicamente, los movimientos sinuosos de las corrientes telúricas que animan la Tierra y sus capas freáticas (muchas de las cuales afloran a la superficie gracias a fuentes monumentales como la del Jardín Botánico) se han asociado desde hace tiempo a la serpiente que, gracias a su vínculo telúrico dentro de la Tierra, también se ha convertido en el símbolo de la "Sabiduría de las profundidades", revelada por el agua de vida que brota en la superficie. Las dos serpientes entrelazadas, en la parte frontal de la fuente, representan la unión de lo masculino y de lo femenino que lleva a un tercer estado de perfección: la androginia, la del que ha conseguido la síntesis perfecta en sí mismo de los elementos macho y hembra. En este caso pensamos evidentemente en el episodio de la mitología griega en el que el profeta ciego Tiresias de Tebas se cruza en su camino con dos serpientes copulando.

Las golpeó con su bastón, mató a la hembra, y se transformó de inmediato en una mujer. Siete años más tarde, volvió a ver dos serpientes copulando: mató al macho y se transformó en un hombre, pero vidente, porque había alcanzado un estado de iluminación interior que le concedía la inmortalidad del andrógino perfecto.

Más adelante, en la fuente, enfrente de las dos serpientes, hay una tercera serpiente, sola y enroscada, cabeza levantada. Encarna el océano primordial de las aguas de la vida. Metáfora de la realeza, esta cobra es un naja, animal sagrado de los hindús. Por último, en lo alto de la fuente, hay unos hipocampos que, al participar en el secreto de las aguas fertilizantes, conocen el camino que recorren, razón por la cual se cree que poseen el don de hacer brotar manantiales de un simple cabezazo. La función del ascenso de Neptuno es estimular la imaginación como "mente creadora", representada por el pez volador que surge en medio de los cuatro hipocampos. Las ranas del segundo pilón muestran el camino del conocimiento gradual.

EL *SALÓN POMPEIA* DEL PALÁCIO DA EGA 7

Freguesia de Alcântara
Calçada da Boa-Hora, 30
• Visitas guiadas previa cita
Instituto de Investigação Científica Tropical
• Tel.: 213616330
• Autobús: nº 203

Maravillas olvidadas

Escondido detrás del hospital *Ega Moniz*, el palacio del *Pátio do Saldanha*, más conocido como *Palácio da Ega*, conserva una parte de la memoria perdida de Lisboa. Para visitar este magnífico palacio del siglo XVI, hay que tomar la *calçada da Boa-Hora* (calzada de la Buena Hora), donde hoy se encuentra el Archivo Histórico de Ultramar.

El edificio, rodeado de un bonito jardín embellecido con un gran lago, ostenta en el portal central las armas de los Coutinho, Albuquerque y Saldanha.

En su interior se encuentra el magnífico *salón Pompeia*, de principios del siglo XVIII, también llamado *salón de música, sala de las columnas* y *sala de los mariscales*. Observe en particular la estatua del dios de la música, las magníficas columnas, la cúpula y los frescos de las paredes, así como los ocho paneles de azulejos del siglo XVIII que muestran vistas de los principales puertos europeos, obra del artista holandés Boumeester.

El aspecto actual del salón data del siglo XIX, cuando fue completamente remodelado. Arrancaron el techo original de madera, tapiaron las ventanas superiores y construyeron una cúpula falsa apoyada sobre ocho columnas huecas de madera. Pintaron unos paneles siguiendo la tendencia de la época, conservando sin embargo los azulejos originales.

Su moradora más famosa, y propietaria, fue la condesa da Ega, Dona Juliana Maria Luisa Carolina Sofía de Oyenhausen e Almeida, quien, en 1795, contrajo matrimonio con el segundo conde da Ega (nombre de un pueblo cercano a Coimbra), Aires José Maria de Saldanha. La condesa era una mujer de gran belleza que tuvo varios amantes famosos, como el general Junot y el mariscal Beresford.

EL ORIGEN DEL *STROGONOFF*

Al morir el conde, la condesa da Ega se volvió a casar con el conde de Stroganoff, un ruso de San Petersburgo, ciudad donde falleció en 1827. Durante su estancia, el cocinero del conde le enseñó una receta culinaria que se hizo famosa en Portugal: el *Strogonoff*.
Se rehoga carne de ternera con tomates y champiñones en una cacerola y se añade nata fresca. Se sirve con arroz.

INSTITUTO DE INVESTIGACIÓN CIENTÍFICA TROPICAL

8

Rua da Junqueira, 86
1349-007 Lisbonne
• Tél. (+351) 21 361 63 40 o (+351) 21 363 61 49
• www.iict.pt • iict@iict.pt
• Horario: de lunes a viernes de 10 a 16 h
• Autobús: nºs 714 y 732

Palácio Burnay, entre delirio y fasto

El Palácio Burnay es uno de los palacios más bonitos de la ciudad: en cuanto el visitante lo ve, queda subyugado por su belleza sin igual. Su jardín, la arquitectura del lugar, la opulencia de las salas, su magnífico domo, el mobiliario y la vajilla de plata de época, todo deslumbra y desprende grandeza.

Este enorme edificio del siglo XVII tiene, entre otras cosas, una magnífica escalera en curva con una preciosa balaustrada de hierro del siglo XVIII y rodeada de paredes pintadas en claroscuro, una obra en trampantojo del último cuarto del siglo XIX. En 1942, Conceição e Silva se encargó de restaurar las pinturas de los techos y muros de las estancias. El atrio superior desemboca en una galería acristalada que da a los jardines y tiene cinco puertas. Está decorada con un castillo, por un lado, y un león por el otro. El bellísimo salón de baile, con su techo de estuco de Rodrigues Pita, luce unos preciosos medallones que aluden a la música. El antiguo comedor, de forma elíptica, tiene un magnífico techo pintado que representa un cielo lleno de ángeles alados, de flores y de frutas, evocación romántica del Parnaso, el paraíso de las musas. En la antigua sala de las columnas hay otro deslumbrante trampantojo en el techo de estuco.

En el precioso jardín de plantas tropicales y subtropicales se conservan algunas estatuas, un teatro muy deteriorado y dos invernaderos muy interesantes. En el que está situado a la izquierda se ve una puerta de mármol, así como dos columnas salomónicas y un escudo del siglo XVIII, obra del empresario Henrique Burnay (1837-1909).

El origen noble de esta casa se remonta a D. José César de Meneses, hermano del primer conde de Sabugosa, que ordenó su construcción después de 1701, rodeándola de hermosos jardines. Tras el terremoto de 1755, la propiedad pasó a manos de la Iglesia patriarcal, razón por la que el edificio también se conoce con el nombre de Palacio de los Patriarcas.

En 1818, acogió el seminario de São João Batista. Todavía en el siglo XIX, el empresario Manuel António da Fonseca, un hombre rico y excéntrico, compró el edificio y lo transformó de inmediato. En 1865, el palacio se vendió a Sebastián de Borbón y Braganza, infante de España y nieto del rey de Portugal, Juan VI. En agosto de 1879, los herederos de Sebastián de Borbón subastaron el palacio, Henrique Bunray lo compró y lo enriqueció con decoraciones y mobiliario, y celebró varias fiestas famosas. En 1940, el Estado portugués adquirió el edificio que alberga el Instituto de Investigación Científica Tropical.

LA CHAROLA DE SANTO AMARO

9

Alto de Santo Amaro
- Horario: sábado y domingo durante la misa de 9 y de 19 h
- Autobús: nº 751

Si está a punto de ahogarse...

Fundada en 1549, la asombrosa capilla de Santo Amaro (San Mauro) se encuentra en lo Alto de Santo Amaro de Alcântara, sobre una colina desde donde se disfruta de una espléndida vista sobre una parte de la ciudad y del Tajo.

La leyenda relatada en los azulejos policromados que revisten su interior cuenta que estando a punto de naufragar un navío de gallegos, la tripulación invocó a gritos a San Mauro, consiguiendo atracar milagrosamente en este lugar del río. En agradecimiento al Cielo, fundaron esta capilla.

Otra versión, más verosímil, cuenta que la capilla fue fundada por 14 monjes de la Orden de Cristo a su regreso de Roma (tras peregrinar a San Juan de Letrán). Al pasar su barco por el Tajo, se fijaron en este lugar y decidieron consagrar su vida al ascetismo. El 15 de enero de 1532, fundaron la cofradía de San Mauro, santo a invocar cuando uno está a punto de ahogarse.

Los Papas y los Reyes de Portugal concedieron a la cofradía numerosos honores y privilegios. Vinculada a San Juan de Letrán, la cofradía estaba constituida únicamente por nobles, como el conde de Sabugosa, que era su escribano cuando ésta desapareció en 1836. Las festividades del 15 de enero, en honor a San Mauro, eran famosas, llenas de vida y color gracias a la participación de los gallegos, los tradicionales porteadores de agua de Lisboa.

Esta capilla circular es muy llamativa por su plano poligonal de siete lados rectilíneos, cuatro cerrados y tres abiertos, que forman las puertas de entrada a la iglesia -también circular-, formando una especie de girola (*charola*) como la del convento de los Freires de Cristo, en Tomar, a su vez inspirada en el plano octogonal de la capilla de San Gregório Nazianzeno, de Santa Maria do Olival, en la misma ciudad.

Algunos azulejos situados cerca del altar lateral representan a San Mauro, vestido de peregrino, apoyado sobre un báculo y sujetando el Libro de las Horas. Este santo, abad y obispo, es el abogado de los que sufren fracturas en piernas o brazos (ya que en vida tuvo el poder milagroso de curar los huesos rotos, aunque quizás también sea una alusión a su actividad misionera en el sentido de rectificar las desviaciones de la doctrina original). Es por esto que toda la girola está decorada con huesos y brazos, ornamentos que se vuelven a ver en los azulejos del escalón que lleva al altar principal.

Para más información sobre el charola, vea la siguiente página doble.

¿QUIÉN ERA SAN MAURO?

Amaro o Mauro de Glanfeuil (15 de enero). Nació en Roma en 510 y falleció en Glanfeuil (Anjou) en 584. Junto a San Benito de Nursia -su discípulo más cercano- habría fundado en 528 la abadía del Monte Casino (Italia). Al fundar el monasterio de Glanfeuil introdujo en Galia la orden de San Benito, y enseñó la agricultura a los campesinos. Es por ello que aún hoy es el Santo Patrón de los agricultores. En el siglo XVII, dieron su nombre a una congregación benedictina reformada. De entre sus numerosos milagros, uno de los más famosos se dio cuando salvó a su compañero el monje Plácido, que se estaba ahogando en el estanque de Subbiano sin que nadie cercano pudiera salvarlo.

San Benito tuvo una visión y ordenó a San Mauro que fuera a rescatar al joven religioso. Éste anduvo sobre las aguas, agarró a su compañero por el pelo y le salvó de una muerte inminente.

También se venera a San Mauro porque cura los dolores de artrosis y de artritis así como los dolores de cabeza. En su iconografía, está representado como un monje con capuchón con un báculo abacial y una muleta.

EL MISTERIO DE LA CHAROLA DE LOS TEMPLARIOS

Estamos prácticamente seguros de que la Orden de Cristo encargó la girola de la Ermita de Santo Amaro d'Alcântara con objeto de reproducir al oeste de Lisboa el Gran Deambulatorio [*Grande Charola*], que la orden había mandado edificar en Tomar.

El 1 de marzo de 1160, el Gran Maestre de los Templarios portugueses, Don Gualdim Pais, encargó a los Monjes Constructores de la Orden del Císter, el deambulatorio [*charola*] del convento de Tomar. Debía ser una réplica exacta de la mezquita de Omar y de la iglesia del Santo Sepulcro, dos edificios de planta circular que ocupaban el antiguo emplazamiento del Templo de Salomón en Jerusalén. El objetivo de la construcción del deambulatorio de Tomar era crear en el extremo de la Península Ibérica un nuevo templo de Jerusalén que uniese Occidente con el espíritu tradicional de Oriente, juntando de este modo en un solo templo del Dios Único y Verdadero las tres religiones del Libro [judía, cristiana e islámica], tema relacionado con la teoría de la transferencia del poder o *traslatio imperii*.

Originariamente era la capilla de los Templarios, construida según la forma clásica y sencilla de las mezquitas sirias. Pero, cuando Tomar se convirtió en la sede de la Orden de Cristo en 1356, una vez abolida la Orden del Temple, el Infante Don Enrique mandó reformar y enriquecer el deambulatorio, con objeto de adaptarlo a las nuevas funciones del convento de la Orden de Cristo y convertirlo en la capilla mayor de su iglesia. Las pinturas, los frescos [casi enteramente escenas bíblicas] y las estatuas doradas de la cúpula bizantina son del siglo XVI.

El plano del deambulatorio es octogonal en el interior [el centro tiene ocho lados] mientras que los muros exteriores tienen -o tenían- dieciséis lados consolidados por contrafuertes elevados y macizos [se eliminaron dos de estos lados durante las obras de ampliación en la época manuelina, en el siglo XVI].

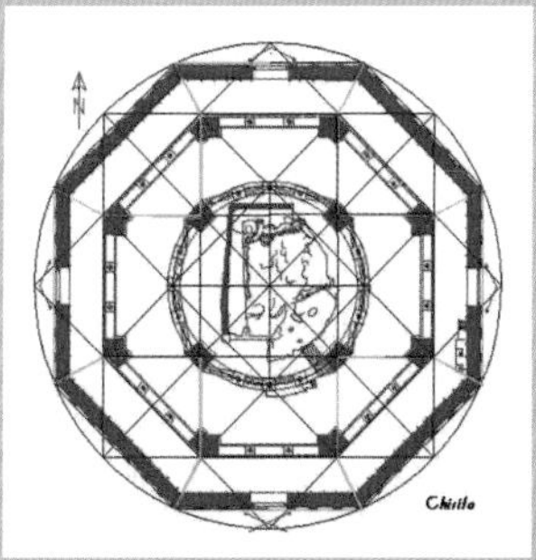

En el trazado del deambulatorio [*charola*] -palabra que evidencia la forma circular del edificio y que está relacionada con la palabra francesa *carole*, un baile en cadena, en círculo, de donde proviene la palabra *rotonda*- está presente el *octógono*, y el *ocho*, número de lados. El simbolismo medieval de ambos se adapta perfectamente a las funciones primitivas del oratorio y de la ábside del deambulatorio, como lugar de paso de la mortalidad a la inmortalidad, y que por lo tanto tenía una función de psicopompa [guía de las almas] o de mediadora entre los dos mundos, el visible y el invisible, representando de este modo el Arca de la Alianza de Dios con la Humanidad.
En la Edad Media, el octógono representaba la figura intermedia entre el cuadrado [la Tierra] y el círculo [el Cielo] y asumía el simbolismo espiritual del paso, es decir de la Resurrección de Cristo y del comienzo de la perfección humana. De este modo, el octógono expresa el Poder Divino en el mundo humano, representado por la manifestación de la Jerusalén Divina sobre la Tierra, aquí señalada por el deambulatorio.
El significado cabalístico del número *ocho* refuerza aún más el significado del simbolismo octogonal: este número contiene el doble cuadrado de la Tierra y del Hombre en equilibrio, y la tradición cristiana considera el número *ocho* como el de la Redención y de la Prosperidad. Ocho también es igual a siete más uno, la superación de la Plenitud. La Plenitud judía [siete] ha sido superada por Cristo en su Resurrección en la madrugada del octavo día. Así, el octavo día se convierte en el primer día [el día del Señor, *Dominica dies*], domingo, en oposición al sábado [*Shabath*, descanso, séptimo día en el que el Señor descansó de su obra de creación]. Es por esto que las grandes festividades cristianas [Semana Santa, Navidad] son una octava, es decir que se celebran durante ocho días, y el domingo de esta octava es una prolongación de la gran fiesta celebrada.
Siendo el octavo día el día de la Resurrección, en el que los cristianos son asociados por el bautizo al Misterio Pascual de Jesucristo, a menudo encontramos esta forma octogonal en la arquitectura de las pilas bautismales. En el arte románico, la estrella de ocho puntas [dos cuadrados superpuestos y desplazados que simbolizan la transformación espiritual] y la rosaleda de ocho pétalos tienen asimismo el mismo significado.

Para obtener más información sobre la importancia del octágono, consulte la siguiente página doble.

LOS CINCO SÓLIDOS Y LA GEOMETRÍA SAGRADA

La *geometría sagrada* es una visión del mundo según la cual los criterios de base de la existencia son percibidos como *sagrados*. A través de sus vínculos, el hombre contempla el *Magnum Misterium*, el *Gran Proyecto* del Universo, aprendiendo sus leyes, sus principios y las interrelaciones de las formas. Estas formas universales están sistematizadas en un complejo geométrico donde cada figura posee su interpretación matemática y filosófica y son aplicadas en los proyectos de *arquitectura sagrada* y de *arte sagrado*, que utiliza siempre las divinas proporciones a través de las cuales el Hombre refleja el Universo y viceversa.

Es habitual pensar que la *geometría sagrada* y sus relaciones matemáticas, harmoniosas y proporcionales, también se dan en la música, la luz y la cosmología. Este sistema de valores ya había sido descubierto por los humanos en la Prehistoria, en la cultura megalítica y neolítica. Incluso algunos la consideran como una cultura universal de la condición humana.

La *geometría sagrada* es fundamental para la construcción de estructuras sagradas, como las sinagogas, las iglesias y las mezquitas, e interviene igualmente en el espacio sagrado interior de los templos, como los altares y los tabernáculos. Herencia de la cultura greco-egipcia llevada a la Roma Antigua, se transmitió hasta la Edad Media europea e inspiró la creación de las arquitecturas románicas y góticas de las catedrales medievales europeas, incorporando la geometría al simbolismo sagrado.

Cuentan que fue Pitágoras (Samos, hacia 570 a. de Cristo - Metaponte, hacia 497 a. de Cristo) quien fundó el sistema de la *geometría sagrada* en su escuela de Crotona, en Grecia. Este filósofo y matemático habría vuelto a Grecia trayendo los conocimientos adquiridos en Egipto y en la India. A partir del número áureo (1,618) aplicado a las formas geométricas de los cinco sólidos de base, Pitágoras creó el método matemático universalmente conocido como *geometría pitagórica*. Para crear los cinco sólidos (tetraedro o pirámide, hexaedro o cubo, octaedro, dodecaedro e icosaedro), que posteriormente fueron estudiados por Platón hasta tal punto que se los conoce como *los cinco sólidos platónicos*, Pitágoras se inspiró en el mito griego de los juguetes del niño-dios Dionisio: cesta, dados, peonza, pelota y espejo. Desde un punto de vista cósmico el *cesto* representa el Universo; los *dados* son los *cinco sólidos platónicos* que ilustran los elementos naturales (éter, aire, fuego, agua, tierra); la *peonza* es el átomo de la materia; la *pelota* es el globo terrestre, y el *espejo* refleja toda la obra del Supremo Geómetra (*Dionisio*), la manifestación universal de la Vida y de la Conciencia, de Dios hacia el Hombre y viceversa. Asimismo, cada uno de los cinco sólidos platónicos representa una energía planetaria que se une por su forma a un elemento natural. De este modo, el *dodecaedro* está tradicionalmente ligado a Venus y a la quintaesencia natural -el éter- reflejado por el domo del templo; el *octaedro* está ligado a Saturno y al aire, representado por el crucero; el *tetraedro* está ligado a Marte y al fuego, simbolizado por las aperturas del templo de donde surge la luz; el *icosaedro* a la Luna y al agua que establece la armonía de las formas en el dibujo del templo, construyendo las líneas de unión entre los altares y las columnas; el *exaedro* (o cubo) fija el Sol al suelo, representa el elemento tierra y por consiguiente determina el trazado de la base o del suelo del templo. El principal objetivo de la *geometría sagrada* es pues reflejar la Perfección Universal mediante formas y cálculos matemáticos perfectos, y a través de la *arquitectura sagrada* unir la multiplicidad a la unidad en un espacio geométricamente consagrado a este efecto.

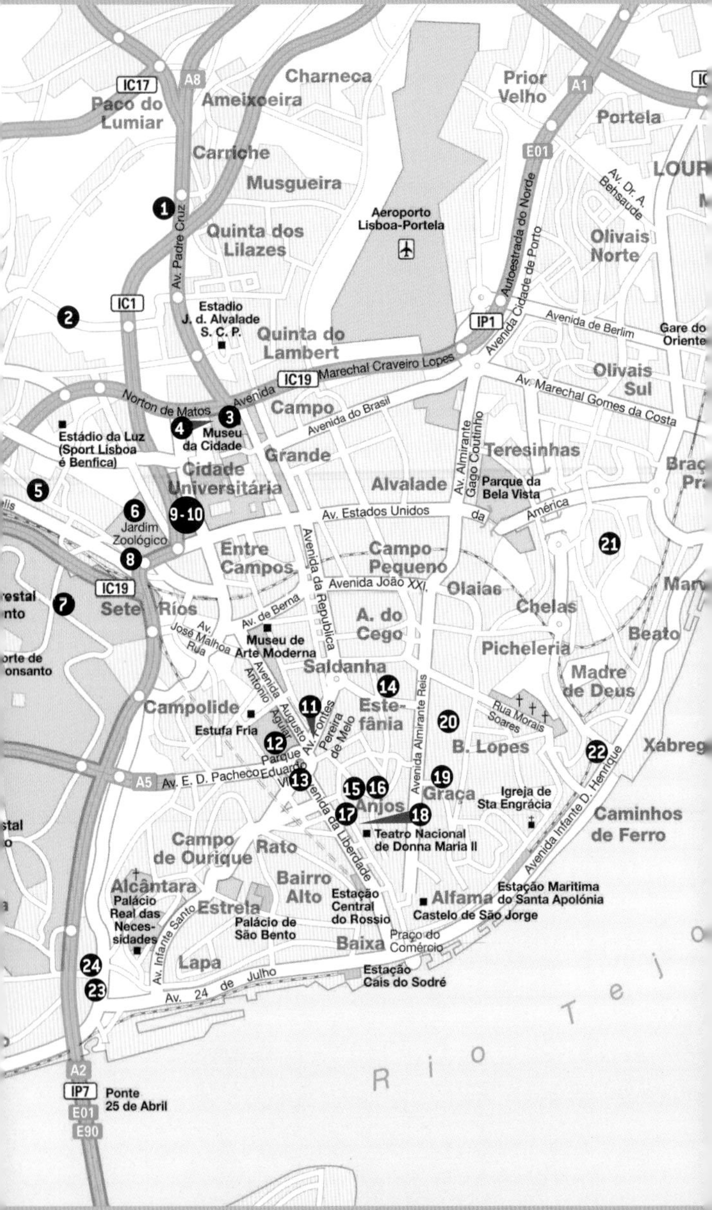

Charneca
Prior Velho
Paco do Lumiar
Ameixoeira
Portela
Carriche
Musgueira
Aeroporto Lisboa-Portela
Quinta dos Lilazes
Olivais Norte
Av. Padre Cruz
Autoestrada do Norte
Avenida Cidade de Porto
Av. Dr. A. Behsaude
Estadio J. d. Alvalade S. C. P.
Quinta do Lambert
Avenida de Berlim
Gare do Oriente
Marechal Craveiro Lopes
Olivais Sul
Avenida Norton de Matos
Av. Marechal Gomes da Costa
Campo Grande
Avenida do Brasil
Museu da Cidade
Estádio da Luz (Sport Lisboa é Benfica)
Teresinhas
Cidade Universitária
Alvalade
Av. Almirante Gago Coutinho
Parque da Bela Vista
Jardim Zoológico
Av. Estados Unidos da América
Entre Campos
Campo Pequeno
Avenida da Republica
Avenida João XXI
Olaias
Chelas
Sete Ríos
Av. de Berna
A. do Cego
Beato
Av. José Malhoa
Rua António Augusto Aguiar
Museu de Arte Moderna
Picheleria
Saldanha
Madre de Deus
Campolide
Estufa Fria
Este-fânia
Av. Fontes Pereira de Melo
Avenida Almirante Reis
Rua Morais Soares
B. Lopes
Xabregas
Parque Eduardo VII
Av. E. D. Pacheco
Avenida da Liberdade
Anjos
Graça
Igreja de Sta Engrácia
Avenida Infante D. Henrique
Caminhos de Ferro
Teatro Nacional de Donna Maria II
Campo de Ourique
Rato
Bairro Alto
Alcântara
Palácio Real das Necessidades
Estação Central do Rossio
Alfama
Estação Maritima do Santa Apolónia
Castelo de São Jorge
Estrela
Av. Infante Santo
Palácio de São Bento
Baixa
Praço do Comércio
Lapa
Estação Cais do Sodré
Av. 24 de Julho
Rio Tejo
Ponte 25 de Abril
IC17
A8
A1
E01
IC1
IP1
IC19
A5
A2
IP7
E90
1
2
3
4
5
6
7
8
9 - 10
11
12
13
14
15
16
17
18
19
20
21
22
23
24

FUERA DEL CENTRO

INSCRIPCIONES TEMPLARIAS

1

Iglesia de Sao João Baptista
Largo de S. João Baptista, Lumiar
• Visitas durante las misas: 9 y 17 h
• Metro: Ameixoeira

¿El cráneo de Brígida tiene algo que ver con el Baphomet de los Templarios?

En una pared lateral del exterior de la iglesia de San Juan Bautista, en Lumiar, pocos saben que hay tres sepulturas incrustadas. Una de ellas con el siguiente epígrafe: «En estas sepulturas yacen tres caballeros ibéricos que trajeron la cabeza de la bienaventurada Santa Brígida, originaria de Hibernia (Irlanda), cuyas reliquias se encuentran en esta capilla erigida en su memoria en enero de 1283 por los oficiales dc esta bienaventurada Señora».

La iglesia está sobre las tierras de Ameixoeira, que pertenecían a la Orden del Temple, por lo que es muy probable que en estas tumbas descansen caballeros templarios, confirmando así el mito ibérico de los tres hijos de la diosa *Brigit* (*Brian, Iuchar* y *Uar*, los genios de la inspiración que, según la mitología celta, sólo habrían engendrado en total un único hijo: *Ecne*, la ciencia o la poesía).

Antes de ser la Brígida cristiana fue la diosa celta *Brigit*, venerada en todo el Occidente europeo. Su cráneo fue traído aquí en 1283 por orden del Gran Maestre Provincial del Temple en Portugal, Don Fray João Fernandes, muy unido al rey trovador Don Dinis y a Don Alfonso X, el Sabio, rey de León y Castilla.

Hoy se sigue venerando en esta iglesia de San Juan Bautista de Lumiar la reliquia de Santa Brígida de Irlanda: un trozo de su cráneo, depositado en una urna de plata dorada muy elegante, de estilo Don Juan V, que habría sido traído desde el monasterio de San Dinis de Ovidela. Para algunos, este cráneo tendría algo que ver con el mítico *Baphomet* de los Templarios (véase a continuación).

¿QUÉ ES EN REALIDAD EL *BAPHOMET*?

Se dice que los Templarios veneraban un misterioso cráneo que emitía oráculos y habría dictado la supuesta Regla Secreta que contiene las blasfemias más impensables. Esta leyenda es evidentemente fruto de la imaginación de los escritores románticos del siglo XIX ya que no existe ninguna prueba que confirme la existencia del cráneo satánico.

La propia palabra *Baphomet* no formaba parte del vocabulario medieval: era desconocida para la Iglesia y el Temple, y fue inventada por trovadores occitanos que la utilizaban rara vez en sus invenciones poéticas. Si los Templarios hubieran tenido la reliquia de un cráneo (fueron grandes coleccionistas de reliquias sagradas), habría que darle otro significado.

A pesar de que el catolicismo lo relaciona con la muerte, el cráneo tiene un doble significado. El cráneo contiene el cerebro y está en la parte más alta del hombre, de ahí que sea el lugar sagrado del cuerpo humano por excelencia y el símbolo del descubrimiento del Saber Supremo. La palabra *Baphomet* proviene del árabe *ouba-al-fometh*, que significa la «boca del Padre», en el sentido de Saber Supremo verbalizado por el Padre.

Como el padre contiene al Hijo y al Espíritu Santo, es también la *Luz de la Sabiduría* a la que algunos le han dado el significado griego, tardío, de *Baphêmétous*. En esto reside el significado de la frase del poema *Ira et Dolor,* escrito en 1265 por un trovador occitano: «*E Baphomet obra de son poder*» – «*Y Baphomet hizo brillar su poder*». En la lengua mora de la península ibérica heredada de los mudéjares, se escribía *Abufihamat* (pronunciado *Bufihimat*), que significa «Padre, Fuente, Entendimiento». La expresión que deriva de ella, *Ras-el-fah-mat,* a saber, «Cabeza del Conocimiento», refiere a la capacidad mental del hombre después de que su conciencia haya alcanzado un grado de perfeccionamiento. A este proceso alude precisamente la expresión «Construye una cabeza», utilizada por algunas Escuelas Sufís de la península ibérica, que los cristianos medievales llamaban despectivamente *Bafometarias* y *Carvoarias* (Carbonarias), en el sentido popular de «negras y diabólicas», ya que ahí se enseñaban y practicaban conocimientos secretos que para el cristiano ignorante sólo podían ser «cosas del Diablo».

El cráneo «baphomético» representa de este modo la *Iluminación Mental*, al igual que la Brigit celta cuando preside el Imbolc, fiesta de la purificación que celebra el final del invierno, simboliza la iluminación del mundo tras las tinieblas estériles. Es por ello que, a veces, Santa Brígida también aparece representada con un cirio en la mano y una vaca a sus pies, la cual simboliza la lactancia, referencia en este caso de la renovación de la vida con la llegada de la primavera.

LA GRUTA DE MACHADA

2

Iglesia de Nuestra Señora de la Luz
Largo da Luz, Carnide
• Para visitar la cueva y la fuente acuda a la secretaria de la iglesia (entre las 10 y las 12 h y las 15 y 18 h)
• Misa: 9 y 18 h
• Metro: Colégio Militar

"*Un arcoíris en una gruta milagrosa*"

Un caballero cristiano, Pêro Matins, estando prisionero de los Moros en Tanger en una fecha no determinada -1437 o 1459- tuvo una aparición de Nuestra Señora envuelta en luz. Le prometió que pronto sería liberado y le ordenó que tras su liberación se dirigiera a un lugar llamado Carnide, en Lisboa, donde encontraría una imagen suya en una gruta, debiendo construir ahí una ermita para que todos la adoraran.

Y así sucedió. Pêro Martins, una vez liberado, buscó la imagen en el lugar que le indicó la Virgen y la encontró en una gruta que irradiaba una luz muy parecida al arcoíris, dando a este lugar el nombre de *Luz*. De esta gruta surgía un agua milagrosa que alimentaba la *Fonte do Machado* o *da Machada*, mencionada en un documento del 27 de mayo de 1311, cuyo nombre provenía de la donante de Chelas, Urraca Martins Machado, o Machada, monja cisterciense del monasterio de S. Bernardo, en Carnide.

La iglesia de *Nossa Senhora da Luz* (Nuestra Señora de la Luz), con la fuente y gruta milagrosas anexas, fue inaugurada el 8 de septiembre de 1464 en la fiesta de la Natividad de la Virgen, un año después del hallazgo de su imagen. La iglesia, cuyo altar mayor se alza justo encima de la fuente, se erigió sobre la gruta.

La gruta Machada, que se puede visitar previa petición, tiene un portal manuelino en la primera capilla, antaño lugar de peregrinación. A continuación se abre una galería por donde las aguas corren hacia un estanque encajado debajo de un arco sobre el cual está la estatua de la Virgen de la Luz con el Niño en su regazo.

En el interior de la iglesia, hay un sorprendente retablo de Francisco Venegas (siglo XVII) sobre la *Alegoria da Imaculada Conceição (Alegoría de la Inmaculada Concepción),* uno de los pocos desnudos femeninos (Venus) que haya sobrevivido a la Contrarreforma.

EL JARDÍN DEL MUSEU DA CIDADE

3

Campo Grande
• Horario: de martes a domingo de 10 a 13 h y de 14 a 18 h
Cerrado lunes y festivos
• Metro: Campo Grande

"*El jardín imaginario de Bordalo Pinheiro*

Con sus 1205 piezas realizadas por Rafael Augusto Prostes Bordalo Pinheiro (1846-1905), célebre ceramista, decorador, diseñador y caricaturista, el jardín del Museu da Cidade (Museo de la Ciudad) se ha convertido en un auténtico zoo de piedra que acoge serpientes, lagartos, caracoles gigantes, avispas enormes, langostas sobredimensionadas, monos colgados de los árboles… Una visita que no hay que perderse.

La idea de diseñar un jardín con creaciones originales del famoso ceramista es de la periodista y mujer de negocios Catarina Portas. La artista Joana Vasconcelos realizó el proyecto a partir de moldes gigantes que la Fábrica de Cerámicas de Caldas da Rainha conservaba desde hacía tiempo, de la época en que estuvo a punto de cerrar. Cuidadosamente restauradas desde enero de 2010, estas piezas creadas por la genial mente de esta figura única y representativa de la cultura portuguesa de la segunda mitad del siglo XIX están expuestas al público. El proyecto también incluye azulejos representativos de la obra de Bordalo Pinheiro, así como copas y grandes jarrones con pedestal. Entre avispas, ranas, lagartos, gatos, caballitos de mar, troncos y setas mágicas colocados en el laberíntico recorrido del jardín, que surgen de los lagos o entre los setos, los elementos más sorprendentes de esta colección suben por las paredes y los muros del antiguo palacio Pimenta, convertido en el Museu da Cidade. Aquí, el paseante se siente irremediablemente transportado al mundo fantástico de las fábulas de La Fontaine o de *Alicia en el país de las maravillas*, sin tener en cuenta la edad ya que los adultos y los niños viven la misma experiencia mágica de la imaginación inocente.

Viendo la escultura de cerámica de *El lobo y la grulla*, por citar solo este ejemplo, el visitante se identifica inmediatamente con la inspiración creativa de la fábula de Esopo, el fabulista griego. Esta cuenta que un lobo se atragantó con un hueso. Desesperado, pidió ayuda a una grulla que pasaba por ahí.

La grulla le ayudó, metió su largo pico en la boca del lobo y sacó el hueso. Le pidió entonces su recompensa al lobo, pero este se negó replicando: «Ingrata, deberías más bien darme las gracias por haber metido tu pico en mi boca y que no te haya mordido, ¡porque te habría podido matar! Considérate afortunada». El ave se marchó, arrepentida de haber socorrido al lobo. Moraleja de la fábula: la caridad puede traer ingratitud, y no se puede esperar ningún reconocimiento por haber ayudado a un enemigo.

LOS OJOS DEL BÚHO DE LA ESTACIÓN DE METRO CIDADE UNIVERSITÁRIA

4

Pasillo y taquillas del metro Cidade Universitária
• Metro: Cidade Universitária

El guiño humorístico de un pintor

De camino a las taquillas de la estación de metro Cidade Universitária, un búho con el plumaje manganeso y azul está pintado sobre las paredes de azulejos blancos: la rapaz nocturna mira fijamente a los transeúntes con un ligero estrabismo. A su derecha, dos ojos humanos disociados, uno curioso, otro atento, se pasean por la pared evocando el universo alocado de los dibujos animados.

El pequeño búho con cresta y mirada aturdida es una creación de la artista Maria Helena Vieira da Silva (1908-1992) quien, divertida por la asombrosa similitud entre sus propios ojos ojerosos y los del pájaro nocturno, demostrando una capacidad de reírse sí misma bastante elevada, se autorepresentó bajo esta forma animal.

Menos prosaica, la gran poetisa Sophia de Mello Breyner la comparó con una antena que capta y descifra la vida bajo todas sus formas, para desvelar su esencia y su fundamento:

«Vieira da Silva
Antena atenta
Atenas
Con ojos de búho
En la oscura noche lúcida.»

Pintora, escultora, ceramista y artesana vidriera, Maria Helena Vieira da Silva vivió unos sesenta años en París donde se impuso como precursora del paisajismo abstracto. Traducía su búsqueda de conocimiento y de absoluto con *patchworks* de líneas con perspectivas fugaces o con mosaicos de motivos repetidos hasta el infinito. Bibliotecas, laberintos, ciudades, puertos eran sus temas predilectos recurrentes. Al citar Atenas, referencia absoluta de la Antigüedad en materia de apertura cultural, su amiga poetisa alude al artista a quien le gusta ver sus obras expuestas en lugares de paso (estaciones, metro, etc.) para desacralizar el arte. El búho simboliza el conocimiento, el saber y la razón, no podía encontrar mejor lugar que el que lleva a la ciudad universitaria de Lisboa.

LOS FANTASMAS DEL PALACIO BEAU SÉJOUR 5

Estrada de Benfica, nº 368
- Horario: de lunes a viernes de 9 a 18 h. Sábados de 10 a 17 h
- Metro: Alto dos Moinhos (línea azul)
- Autobús: nº s 16, 746 y 768

"Apariciones inquietantes...

La antigua Quinta das Louras, o Quinta das Loureiras, fue adquirida en 1849 por doña Ermelinda Allen de Almeida, vizcondesa de Regaleira. Fue la época en que pasó a llamarse Quinta Beau Séjour, imitando así el estilo francés. Más tarde, se la conoció mejor por Quinta das Campainhas (campanillas), por el tintineo de algunas campanas de cristal de distintos colores colgadas en el techo metálico del quiosco del jardín, que sonaban a la mínima brisa. En 1859, la baronesa de Regaleira, nieta y heredera de la vizcondesa, vendió el palacio a Antonio José Leite Guimarães (1806-1876), primer barón de Glória y empresario emigrado a Río de Janeiro que murió soltero y sin descendencia.

Después de la muerte del barón, en 1876, el Palacio Beau Séjour pasó a manos de sus sobrinos y herederos universales y, en 1887, fue objeto de importantes obras de embellecimiento artístico, gracias a las intervenciones de Francisco Vilaça, Columbano, Rafael y Maria Augusta Bordalo Pinheiro, una razón más que suficiente para visitar este lugar. Tras morir la descendiente del barón de Glória, doña Maria de Glória Leite, en los años 1930, el Palacio Beau Séjour pasó a ser de una de sus ahijadas y de su esposo, Augusto Fernandes de Almeida. Pero en 1971, la propiedad se subastó por partes. Los Hermanos Maristas compraron el palacio y el jardín, e instalaron un colegio. Desde 1992, es la sede de la oficina de estudios de la historia de Lisboa.

Desde que la oficina de estudios se instaló en este pequeño palacio, los funcionarios que trabajan en ella sufren, desesperados, las inquietantes apariciones del alma difunta del barón de Glória que mueve libros y documentos de un sitio a otro, antes de que los trabajadores los encuentren exactamente donde los habían buscado previamente.

El barón también es responsable, dicen, de que las tazas se muevan y tintineen, sobre las mesas, sin que nadie las haya tocado, y de que las campanillas, que ya no están, sigan sonando. Es en el sótano, donde están los archivos, donde hay más actividad paranormal. Habría otros espíritus malditos que deambulan en el sótano, como el de la vizcondesa de Regaleira. Según la leyenda, una noche, el timbre de la entrada sonó y el empleado de servicio fue a abrir. Pero no vio a nadie. Cerró la puerta y el timbre volvió a sonar. Pero de nuevo, nadie.

Cuando volvió a sonar, el empleado,

enfadado, exclamó: *¿Quién está ahí?* Una voz ronca respondió entonces: *¡Es el barón de Glória!* Luego, una segunda voz, más débil, tímida, añadió: *¡Y la vizcondesa de Regaleira también!* El pobre hombre se asustó tanto que esa misma noche dejó el trabajo. Estas leyendas urbanas enriquecen el imaginario fantástico lisboeta.

Pero aparte de estas leyendas, la visita de este palacio, que alberga una de las mayores colecciones de arte romántico y naturalista portugués y cuyas salas restauradas están abiertas al público, merece mucho la pena. No se pierda el Salão Dourado (Salón dorado) que ocupa la zona más noble del edificio y cuyo techo está decorado con un gran lienzo de Columbano Bordalo Pinheiro titulado *Carnaval de Venecia*. En la Sala de Música, también transformada en salón de lectura, Francisco Vilaça realizó unos magníficos estucos que representan instrumentos musicales.

HIC MORES HOMINUM CASTIGANTUR

EL TEATRO TÁLIA

6

Estrada das Laranjeiras
• Metro: Laranjeiras

"*Un teatro totalmente olvidado*

Prácticamente desconocido por los lisboetas, el *Teatro Tália* es hoy propiedad del Estado, responsable directo de su restauración y conservación. Sus ruinas abandonadas están en la estrada das Laranjeiras (calle de los Naranjos), enfrente del antiguo palacio del conde Farrobo que lo mandó construir en 1820.

Muy rudimentario en sus orígenes, el teatro fue reconstruido e iluminado con luz de gas en 1842, una gran innovación en aquella época. Aquí tuvo lugar el estreno de *Frei Luís de Sousa*, de Almeida Garrett, y entre 1834 y 1853 se montaron 18 óperas. El rey D. Fernando II y la reina Dña. María II lo frecuentaban asiduamente. Al morir la soberana, de quien el conde Farrobo era gran amigo, la vida social y artística del palacio y del teatro quedaron interrumpidas. En 1856, las actividades teatrales retomaron con óperas italianas y comedias en portugués y en francés. Sin embargo, el 9 de septiembre de 1862, un incendio fortuito provocado por el descuido de unos operarios destruyó por completo el lugar. No se reconstruyó, ya que la fortuna del conde de Farrobo había disminuido, y así ha quedado hasta hoy.

Con una capacidad para 560 espectadores, el *Tália* tenía lujosos palcos y una fastuosa sala de baile cuyas paredes estaban revestidas de suntuosos espejos de Venecia. La luz de los numerosos lustros se reflejaba en ellos produciendo unos efectos deslumbrantes.

Talía es el nombre de la musa del teatro.

La estructura arquitectónica de este teatro fue dotada de un fuerte simbolismo espiritual por Joaquim Pedro de Quintela (1801-1869), segundo barón de Quintela, primer conde de Farrobo y masón de alto grado. La fachada exterior del edificio, al que se accede por cuatro escalones, está sujeta por cuatro columnas toscanas precedidas por cuatro esfinges egipcias. Simbolizaban el *Teatro de la Iniciación*, marcando el ritmo cuaternario de la Tierra, su ritmo natural (marcado por las cuatro estaciones, las cuatro fases de la luna, etc.), a través del cual cada uno es actor de su evolución. En la cima del frontón triangular, la estatua de Erato, musa de la poesía lírica, que, apoyada sobre su muslo, sujeta una lira con la mano derecha.

En la magnífica *Galeria dos Reis* (Galería de los Reyes), los bustos de veinte monarcas portugueses (no se encuentran los tres reyes españoles de la dinastía filipina que gobernaron Portugal durante su ocupación), están acompañados por otros tres: el del conde Don Enrique, padre de Alfonso Henriques; el de Don Fernando, el Infante-Santo fallecido en cautividad en África e hijo de Don Juan I; y el del Santo Condestable Nuno Álvares Pereira. Están distribuidos a lo largo de la fachada compuesta de catorce arcos ciegos, cuyo centro da acceso a una gruta donde se puede ver el Monte Helicón con el caballo alado Pegaso y las once Musas que remiten al simbolismo de la «Isla del Amor», cantado en *Los Lusiadas* del inmortal Luis de Camoes.

LOS SÍMBOLOS DEL PALÁCIO-MUSEU MARQUESES DE FRONTEIRA

7

Largo de S. Domingos de Benfica, 1
Horario: de lunes a sábado de 10:30 a 12 h
Autobús: nº 72

Un jardín hermético

Los magníficos jardines del Palácio-Museu Marqueses de Fronteira, que lamentablemente están rodeados por siniestras autopistas y edificios sin personalidad, fueron creados en el siglo XVII siguiendo los principios herméticos (véase pág. 60) para atraer las energías celestes, cuyos principales elementos están aquí reflejados. El *jardín de Venus*, que da a la *Casa del lago,* frente a un estanque donde una figura quimérica vierte agua en una pila, nos recuerda que estamos ante un pabellón dedicado a misteriosos y antiguos cultos, en boga en los jardines manieristas, que recrean el jardín de la diosa del Amor (*Venus*) situado en el antiguo emplazamiento de un laberinto cuyo centro ocupa hoy el estanque. En el centro del estanque, la antigua escultura de un niño, con una serpiente enrollada, simboliza la Búsqueda y la Iniciación al Amor Divino para los trovadores y juglares. La *Varanda da Oratória* (veranda del Oratorio) alberga cinco nichos ocupados por estatuas de dioses del panteón grecorromano que representan los planetas. Los nichos están revestidos de azulejos que representan figuras alegóricas femeninas que simbolizan las siete Artes liberales y sus respectivos atributos. Este conjunto escultural se integra de la siguiente manera: Diana / Aritmética – Mercurio / Música – Venus / Dialéctica – Apolo / Retórica – Marte / Poesía (que sustituye a la Geometría) – Júpiter / Astronomía – Saturno / Arquitectura.

El *Jardim Grande* (Jardín Grande) está compuesto por un conjunto de boj octogonal dividido en cuatro grandes parterres, divididos a su vez en cuatro más pequeños en cuyo centro se encuentra una pila con agua y una columna rematada con la esfera armilar. En los ángulos de los parterres hay doce estatuas de plomo (masculinas y femeninas) y cuatro fuentes suplementarias más pequeñas. El murete cercano a la fachada Este del palacio está recubierto de paneles de azulejos policromos que tratan de temas relacionados con los cuatro elementos, los planetas y las constelaciones. El murete frontal está revestido de paneles que representan alegorías mitológicas de los doce meses del año relacionadas con las actividades agrícolas. El murete Norte, frente al estanque central, tiene paneles de azulejos que representan los doce signos del zodiaco.

Estructurado de este modo, el *Jardim Grande* representa el *Macrocosmos* o Universo, opuesto de manera complementaria al *Microcosmos*, el Hombre, simbolizado por el *Jardín de Venus*. El punto de encuentro entre los dos se sitúa en la *Varanda da Oratória*, donde la ciencia es asistida por los dioses, donde Hermes (o Mercurio) se impone como lazo de unión entre la evolución general del Hombre en el Universo y del Universo influenciado por el Hombre, justificando el axioma hermético según el cual «como es arriba es abajo, como es abajo es arriba» (véase pág. 50).

LOS SÍMBOLOS DEL JARDÍN ZOOLÓGICO 8

- Horario: todos los días de 10 a 20 h
- Metro: Sete Rios
- Atención, la rosaleda del jardín está cerrada en la actualidad. Abrirá próximamente al público

> **“*Una reproducción del mítico jardín del Edén*”**

Inaugurado en 1905 en la Quinta das Laranjeiras, Sete Rios, el *Jardim zoológico da aclimatação de Lisboa* (el Jardín Zoológico de Aclimatación de Lisboa) está considerado como uno de los jardines más hermosos del mundo. Originalmente fue un intento de reconstrucción del jardín del Edén bíblico donde los hombres y los animales pudiesen convivir alejados de cualquier molestia. Al parecer, el jardín de las Delicias o los paraísos bíblico, caldeo e hindú, donde los 4 reinos de la naturaleza (mineral, vegetal, animal y humano) conviven en armonía, habrían servido de inspiración para crear este modelo de zoo. El reino mineral está representado por las aguas y los granitos, el vegetal por la variada flora, el animal por las especies zoológicas y el humano por los visitantes. Los masones y rosacruces que inspiraron la arquitectura de este privilegiado lugar (conde de Farrobo, D. Fernando II y el Dr. Antonio Carvalho Monteiro, entre otros) lo dotaron de símbolos espirituales según las diferentes fases del viaje iniciático, recreando en este espacio lúdico de paseo y encuentros, el Jardín de los Dioses. La clave que descifra este conjunto es la rosaleda de Lisboa, hermoso espacio ajardinado de estilo Le Nôtre, delimitada por setos y pabellones, a la que se accede por un hermoso puente suspendido, alegoría del paso al Mundo Superior. En la cima de cada columna del puente, observará cuatro *Maestros Constructores* egipcios, guardianes de las direcciones angulares del jardín, ordenados por pares evocando así la *Ley de Polaridad* que rige la Vida Universal (Espíritu-Materia, Sol-Luna, Día-Noche, Norte-Sur, etc.).

La rosaleda es como el jardín de un templo abierto, con sus fuentes, rincones, laberintos, vértices, esferas y coronas graníticas, y figuras mitológicas cargadas de esoterismo. Las esfinges andróginas (rostros de hombre y senos de mujer) representan el Hombre Perfecto, el Adepto Realizado; los dragones asirios simbolizan la Sabiduría Divina representada por el propio Adepto; las ocas son una alusión al Compañerismo Iluminado y los delfines representan la Piedra Filosofal.

El jardín de la rosa, en el centro de la cruz de este espacio de ensueño y encanto, constituye la síntesis final del zoo.

> El jardín también forma parte de un recorrido espiritual o viaje iniciático de la Conciencia Humana a la conquista de la Sabiduría Eterna, algo que quedó representado en varios edificios de esta antigua *Quinta das Laranjeiras*: el palacio Farrobo (Físico), el Teatro Talía (Vital), el Jardín Farrobo (Emocional) y la Rosaleda (Mental). El conjunto de la Quinta representa el Edén (Espiritual).

LA CABEZA DE DIOGO ALVES

9

Teatro anatómico de la Facultad de Medicina de Lisboa
Av. Prof. Egas Moniz

- Visitas previa cita ante la secretaria de la Facultad de Medicina
- Tel. 21 7985153
- E-mail: museu@fm.ul.pt
- Metro: Cidade Universitária

La cabeza del asesino en serie lisboeta del siglo XIX está conservada en formol

El gallego Diogo Alves, nacido en Santa Xertrudes de Samos (Lugo), llegó a Lisboa siendo joven. Apodado *Pancadas*, se hizo famoso por ser el *asesino del acueducto de Aguas Livres*: entre 1836 y 1839 cometió crímenes atroces incitado por su compañera Gertrudes Maria, apodada *Parreirinha*, propietaria de una taberna en Palhavã. Por la noche, tras robar a sus víctimas, las lanzaba desde lo alto de los arcos (65 metros de altura), simulando un suicidio. En 1840 las autoridades le apresaron finalmente tras asesinar, él y su cuadrilla, a un médico y a toda su familia cuando asaltaron su casa. Curiosamente, se les condenó a la horca por este crimen y no por los crímenes del acueducto, que ni siquiera se procesaron en el juicio. Diogo Alves nunca reveló el secreto de cómo había conseguido las llaves falsas de las galerías del acueducto en las que se escondía para atacar y asesinar a sus víctimas. Sólo tras arrestarle y cuando los supuestos suicidios del acueducto cesaron repentinamente, se dedujo que eran obra del siniestro Diogo Alves que, tan sólo en el verano de 1837, mató a 76 personas.

Una vez la pena de muerte ejecutada en el Cais do Tojo, a las 14:15 h del 19 de febrero de 1841, la perversidad de Diogo Alves intrigó tanto a los científicos de la escuela de Medicina y de Cirugía de Lisboa que recuperaron su cabeza para estudiarla. Hoy está en el teatro anatómico de la Facultad de Medicina de Lisboa, en un recipiente de cristal cuya solución de formol ha conservado la expresión de un hombre tranquilo, muy distinto a lo que realmente fue.

En 1911, los crímenes de este asesino en serie, último condenado a muerte en Portugal, fueron llevados al cine en una de las primeras películas mudas portuguesas. La biografía novelada, publicada por primera vez en 1877 y reeditada en 2006, hizo famosa esta leyenda negra. En 2005, la cabeza de Diogo Alves fue el objeto principal de la exposición *Cem peças para o museu de Medicina* (Cien piezas para el Museo de la Medicina) del Museo Nacional de Arte Antiga.

En el siglo XIX el acceso al camino público situado encima del acueducto *das Águas Livres*, el *passeio dos Arcos* (paseo de los Arcos), era frecuentado por pequeños comerciantes y vendedores ambulantes de los alrededores pero hubo que cerrarlo en 1844 debido a los crímenes perpetrados por Diogo Alves.

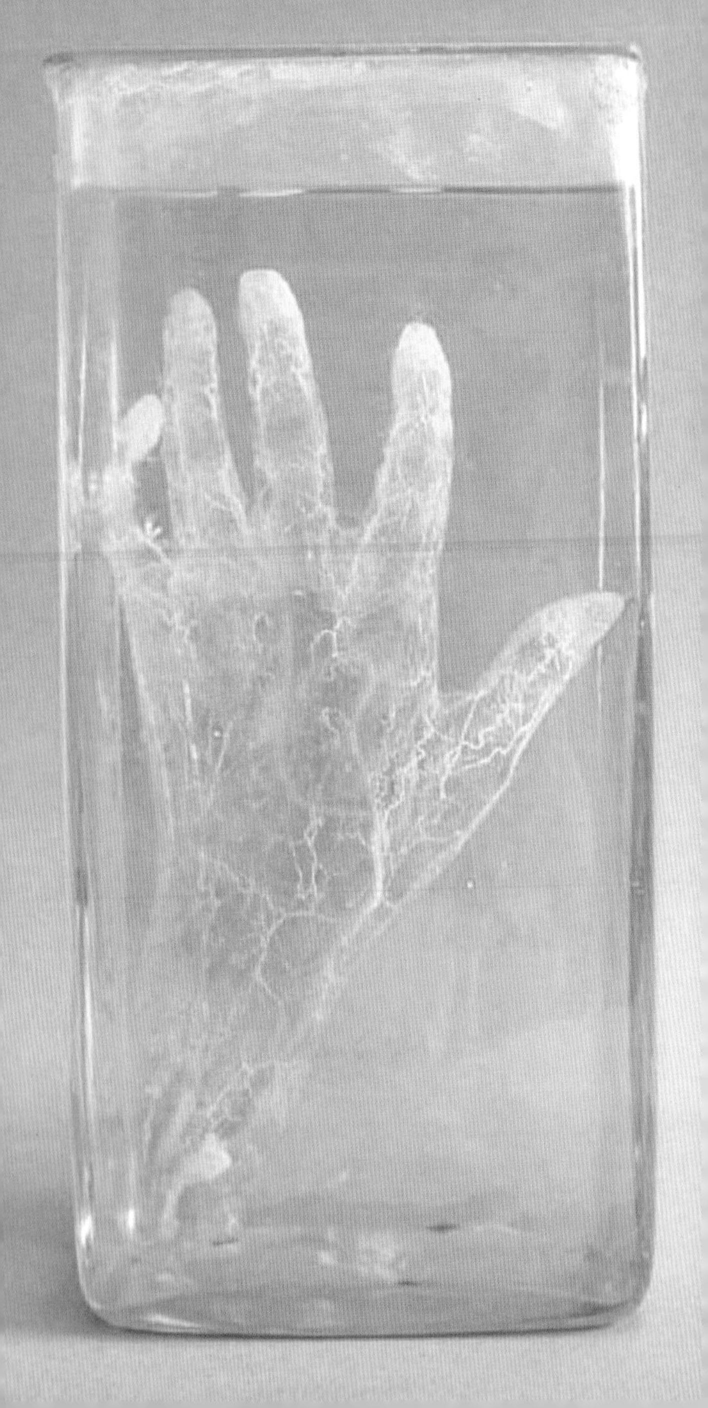

LA MANO «DIAFANIZADA» DEL TEATRO ANATÓMICO DE LISBOA

10

Teatro Anatómico da Faculdade de Medicina de Lisboa
Av. Prof. Egas Moniz
- Visitas previa cita ante la secretaria de la Facultad de Medicina
- Tel. 21 7985153
- E-mail: museu@fm.ul.pt
- Metro: Cidade Universitária

«Un verdadero pequeño museo de los horrores

El Teatro Anatómico de Lisboa expone piezas anatómicas, preservadas en distintas técnicas de conservación, que podrían afectar a los más sensibles.

Este museo conserva libros y objetos de cirugía médico-legal. Su patrimonio incluye un libro de 1543, herencia de la antigua Escuela de Medicina y Cirugía y manual de referencia de la Medicina y Anatomía en Portugal durante siglos: *De humani corporis fabrica*, de Andreas Vasalius (1514-1564), un libro con ilustraciones detalladas sobre investigaciones y disecciones anatómicas.

Además del conjunto didáctico, el museo expone órganos humanos preservados en diferentes técnicas de conservación, como la cabeza de Diogo Alves conservada en formol (véase página anterior).

De las piezas más espectaculares de la colección cabe destacar una mano «diafanizada», tornada casi transparente gracias a una inyección química que ha fijado, deshidratado y diafanizado los tejidos antes de inyectarles parafina, y unos pulmones disecados y coloreados, casi fragmentados, que descubren los bronquios y bronquiolos individualizados y subdivididos.

También se muestran objetos característicos de la medicina portuguesa. En particular, instrumentos que inventó Egas Moniz (1875-1955), profesor portugués y Premio Nobel de Medicina en 1949, como por ejemplo: un par de leucotomos, instrumento utilizado para practicar lobotomías y cortar las fibras sensoriales que unen la corteza prefrontal con el resto del cerebro. También está expuesta la primera angiografía cerebral, técnica desarrollada por Egas Moniz que consiste en inyectar una sustancia de contraste en la sangre para poder ver en la radiografía los vasos sanguíneos del interior del cráneo, permitiendo así obtener un diagnóstico de las patologías cerebrales, en particular de los tumores.

Las aportaciones portuguesas a la ciencia no se detienen ahí. También se incluyen el aparato que utilizó Reinaldo dos Santos (1880-1970) para realizar la primera aortografía, un negatoscopio y numerosos instrumentos que han forjado la historia de la medicina en Portugal.

LA LÁPIDA DEL CHAFARIZ DE ANDALUZ

11

Largo do Andaluz
• Metro: Picoas

El blasón más antiguo de Lisboa

El chafariz de Andaluz está decorado con una lápida cuya inscripción data de 1336. Muestra una barca con dos cuervos, uno en la proa y otro en la popa. Se trata de la representación más antigua del famoso blasón de la ciudad de Lisboa.

Los cuervos están relacionados con la leyenda del mártir *São Vicente* (San Vicente). Según esta leyenda, los cuervos vigilaban los restos mortales del santo, transportados en un barco guiado por ángeles desde la costa de Sagres (en el Algarve) hasta Lisboa, en 1173, bajo el reinado de D. Alfonso Henriques (véase página contigua). Según la leyenda, el barco era un navío templario, con las velas negras y blancas, que llevó el féretro hasta la catedral de la Sé de Lisboa, donde los cuervos volaban por el claustro. De hecho, se les podía ver volar hace unas decenas de años cuando se visitaba la Sé. En la actualidad viven enjaulados en un rincón del castillo de S. Jorge, y las reliquias de S. Vicente forman parte del tesoro de la Sé (véase foto).

Los cuervos son, simbólicamente hablando, las aves guardianas de la Sabiduría Divina, que auguran el pasado y el futuro, como los cuervos del dios nórdico *Odín -Ugim* y *Tumin* (Memoria y Espíritu)- los cuales, posados sobre sus hombros, le graznaban al oído secretos sobre el pasado y el futuro; funciones sagradas similares a las de los dioses hinduistas *Kuvera* y *Mahima*.

El velamen recogido y el cordaje forman dos triángulos entrecruzados que dibujan una estrella de seis puntas, símbolo de la Virtud.

EL CUERVO: ¿ORIGEN DE LA PALABRA *LISBOA*?

El cuervo, ave profética y mensajera de los dioses, tótem del dios solar *Lug*, se llamaba en lengua ligur (genovés) *Lu* o *Li*, que se encuentra en la raíz del nombre *Lisboa* o *Lusibona*, derivado de *Ulisibona* y *Ulisipa*.

SAN VICENTE, EL SANTO DE LA SABIDURÍA DIVINA

Santo protector de Lisboa, Vicente -el Victorioso- fue diácono en Valencia y martirizado en la época del emperador romano Diocleciano (siglo III d.C.). Cuenta la leyenda que fue quemado vivo sobre una parilla de hierro incandescente y que su cuerpo fue posteriormente arrojado al mar, envuelto en una piel de buey y con una muela de piedra atada al cuello. Tiempo después, la marea arrastró el cuerpo hasta llegar a la costa del Algarve, junto al cabo que hoy lleva su nombre, donde había una ermita de cristianos mozárabes.

Algunos de ellos repararon en dos enormes cuervos que volaban alrededor del cuerpo muerto entre las rocas. Al acercarse reconocieron el cuerpo del mártir y lo recogieron, siempre vigilados de cerca por las aves. Gracias a los numerosos milagros realizados post mortem por el santo, la santidad del lugar alcanzó tal fama que llegó a rivalizar en notoriedad con las peregrinaciones a Santiago de Compostela que empezaban a hacerse en esa época (siglo VIII d.C.).

Más tarde, el rey Alfonso Henriques (siglo XII d.C.) ordenó que trasladaran los restos mortales del santo a Lisboa a bordo de un navío de los Templarios. Éste, llevado por la marea, iba acompañado por los omnipresentes cuervos, uno en la proa y otro en la popa.

LOS SÍMBOLOS DEL VIAJE EN BARCO DE SAN VICENTE

Existe una notable diferencia entre gobernar un barco y dejarse llevar. El hecho de que Vicente aparezca como marinero le convierte en guía y conocedor de los secretos de esta ruta marítima, y supo dejarse llevar, es decir, ponerse en manos de la Providencia en la que depositó toda su confianza.

Y la Providencia es la propia sabiduría del Espíritu Santo.

Según la leyenda, llegar a Lisboa a bordo de un barco templario sobre el que vuelan cuervos simbólicos (véase página contigua), confiere a la Orden del Temple un poder particular relacionado con el santo.

La *muela*, elemento iconográfico de este santo equivale, por su forma, a la *rueda*.

Sin embargo es imposible moverla y hacer que gire sin haber obtenido una *iniciación* muy especial que otorgue la fuerza necesaria para llevar a cabo este esfuerzo.

EL PABELLÓN CARLOS LOPES

12

Parque Eduardo VII
• Visitas previa cita. Tel.: 21 354 15 28
• Metro: Rotunda

Un pabellón que se traslada

Situado en la franja oriental del parque Eduardo VII, antiguo *parque da Liberdade* (Libertad),y pulmón ecológico de la ciudad, el *Pavilhão dos Desportos* (pabellón de los Deportes) es uno de los pabellones portugueses de la gran Exposición Internacional de Rio de Janeiro de 1922, organizada para conmemorar el centenario de

la Independencia de Brasil. Construido en Portugal por los arquitectos Guilherme y Carlos Rebello de Andrade y Alfredo Assunção Santos, el edificio se inauguró el 21 de mayo de 1923, nueve meses después de la inauguración oficial del evento, siendo visitado por el presidente de la República de Brasil, el Dr. Artur Bernardes. El pabellón expuso, entre otros, el hidroavión *Santa Cruz* en el que Gago Coutinho y Sacadura Cabral cruzaron el Atlántico, uniendo Lisboa a Río de Janeiro. Tras el evento fue desmantelado y reconstruido en su ubicación actual por un equipo de renombre supervisado por el arquitecto Jorge Segurado. Era un palacio de exposiciones que abrió sus puertas para la Gran Exposición Industrial Portuguesa el 3 de octubre de 1932. En 1946 fue transformado para albergar el Campeonato del Mundo de hockey sobre patines de 1947, pasando a ser conocido como *Pavilhão dos Desportos*. El 27 de agosto de 1984 fue rebautizado como «Carlos Lopes», una de las figuras relevantes del atletismo portugués.

De entre los elementos decorativos destacan las escaleras, los azulejos y las estatuas, y en particular, las dos que enmarcan el pórtico principal y que representan a la *Ciencia* y al *Arte*, obras del escultor Raul Xavier de 1935.

Los cuatro paneles de azulejos que decoran la fachada delantera exterior del edificio, obra del pintor Jorge Colaço, datan de 1922. Representan cuatro grandes acontecimientos de la historia de Portugal: *Ourique* - la batalla del Bajo Alentejo en la que D. Alfonso Henriques derrotó a los 7 reyes moros tras habérsele aparecido Cristo, permitiendo así la fundación de Portugal; *A Ala dos Namorados* (regimiento de los Enamorados) - unidad victoriosa de jóvenes militares liderada por el Santo Condestable Nuno Álvares Pereira quien se hizo ilustre en la batalla de Aljubarrota, asegurando la independencia nacional; *Sagres* - nombre de la Escuela Náutica en el Algarve, principal alusión al Infante D. Enrique y al periodo de los Descubrimientos Marítimos; y finalmente, *Cruzeiro do Sul* (Cruz del Sur, una constelación característica del hemisferio sur que servía de referencia para los marinos), mención al descubrimiento de Brasil en 1500 por Pedro Álvares Cabral.

LOS SÍMBOLOS DE LA ESTATUA DEL MARQUÉS DE POMBAL

13

Praça Marquês de Pombal
• Metro: Marquês de Pombal

Pombal, el verdadero patrón de la masonería lusitana

La influencia masona en la estatua del marqués de Pombal, Sebastião José de Carvalho e Melo, queda abiertamente demostrada desde la pequeña verja que rodea la estatua. Los paneles de hierro forjado muestran un cetro y una antorcha entrecruzados, alegorías de las diferentes actividades sociales en las que el marqués influyó notablemente al reformarlas y desarrollarlas (agricultura, pesca, industria, etc.), inaugurando así una nueva era del progreso.

En el panel de la Arquitectura, se ven las herramientas de ésta trasladadas a la aplicación simbólica masona. Hay un «lazo de amor» del que pende un triángulo del que a su vez cuelga un mazo de tallador de piedras y, sobre todo, entrecruzados, la antorcha encendida del Conocimiento y el cetro del Absolutismo Iluminado que caracterizó la forma de gobernar del marqués.

Aunque se desconoce si el marqués de Pombal fue realmente un miembro de la masonería, a pesar de que hay varios indicios que hacen pensar que habría sido iniciado en una logia de Londres o Viena cuando fue embajador de Portugal en esas ciudades, se le considera el verdadero patrón de la masonería lusitana, que le rindió homenaje en sus dos centenarios, trasladando sus cenizas y construyendo esta estatua monumental, financiada con una suscripción pública.

El Dr. Sebastião de Magalhães Lima (Rio de Janeiro 1850 - Lisboa 1928), renombrado masón y varias veces Gran Maestre del Gran Oriente Lusitano Unido, presidió en 1926 la comisión ejecutiva de la construcción de este monumento.

A pesar de las objeciones religiosas, este monumento que simboliza la unión nacional bajo la égida de un jefe carismático fue finalmente aceptado por los republicanos y por los partidarios del Nuevo Estado.

EL MARQUÉS DE POMBAL

Sebastião José de Carvalho e Melo, marqués de Pombal y conde de Oeiras (Lisboa, 1699 - Leiria, 1782), fue noble y estadista portugués. Desempeñó para Don José I el cargo de Secretario de Estado del Reino (Primer Ministro) entre 1750 y 1777.

Representante del despotismo ilustrado, vivió el periodo del Iluminismo portugués en el que jugó un papel importante en el acercamiento de Portugal a la realidad económica y social de los países del Centro y Norte de Europa.

En Portugal, acabó con la práctica de los autos de fe de la Santa Inquisición y con la discriminación de los *cristianos nuevos* (judíos obligados a convertirse al catolicismo).

Sin embargo, no eliminó oficialmente la Inquisición portuguesa que se mantuvo hasta 1821. Fue el principal responsable de la expulsión de los jesuitas de Portugal y de las colonias.

Su gestión se vio marcada por dos famosas contrariedades: el terremoto de Lisboa de 1755, un desafío que le confirió el histórico papel de renovador arquitectónico de la ciudad (con principios herméticos - véase pág. 50) y el proceso de los Távora, una intriga con dramáticas consecuencias.

Si bien su afiliación al Rito Escocés Antiguo y Aceptado de la masonería carece de pruebas concretas, se admite sin embargo que mantuvo estrechas relaciones con la *Casa Real dos Maçons de Lusitânia*, sobre todo por mediación de Carlos Mardel y Reinaldo dos Santos, así como con la *Casa dos 24* (véase pág. 239).

EL PABELLÓN PANÓPTICO DEL HOSPITAL PSIQUIÁTRICO MIGUEL BOMBARDA

14

Rua Dr Almeida Amaral, nº 1 (Campo Santa Ana)
• Horario: miércoles de 11:30 a 13 h y sábados de 14 a 18 h
• Autobús: nºs 723, 730, 760 y 767, parada Campos dos Mártires de Pátria – Metro: Anjos, Picoas, Intendente

Una originalidad arquitectónica oculta en el corazón de la ciudad

A dos pasos de la Praça Campo dos Mártires da Pátria, el primer hospital psiquiátrico de Portugal (1848) es un enclave bien escondido en el corazón de la ciudad. Se necesita una autorización escrita para cruzar la verja de este remanso de paz abandonado a la vegetación desde 2000. Detrás del imponente convento neoclásico de Rilhafoles reconvertido en hospicio, surge el Pabellón de Seguridad (1896) de un blanco resplandeciente. Las

líneas vanguardistas de este edificio en forma de circo sin carpa anuncian la estética industrial de los años 1930. Su arquitecto José Maria Nepomuceno buscó simbolizar, a través del perfil circular y de la simetría perfecta del edificio, la razón y la perfección. Una torre panóptica (hoy destruida), una única puerta de acceso y un tejado suspendido anti evasión de 40 metros de diámetro permitían una vigilancia eficaz y discreta de los internos en un marco armonioso: el "pabellón maldito" tenía 80 enfermos mentales y algunos locos peligrosos para la sociedad. El edificio, cuyo nombre en aquel entonces era Hospital Rilhafoles, forma parte de un ingenioso enfoque

clínico y social creado por el Dr. Miguel Bombarda. Psiquiatra modernista y cirujano, dirigió el hospital a partir de 1892 mientras participaba activamente en la creación de la República Portuguesa (1910).

Según sus teorías, el hospital se construyó de tal manera que los muros y el mobiliario curvilíneos limitasen las contusiones. El patio al aire libre reducía la proliferación de enfermedades contagiosas y favorecía la oxigenación del cerebro. Evocando la arquitectura tradicional portuguesa, los bancos del pasillo servían también para desarrollar las capacidades comportamentales de los detenidos. El jardín al aire libre y las numerosas claraboyas hacían que el lugar fuese más acogedor que un centro de reclusión tradicional.

Algunos de los 6000 dibujos, pinturas, relatos y poemas de los pacientes, expuestos en las celdas, en la enfermería y en el comedor, evocan los métodos innovadores del Dr. Miguel Bombarda, precursor de la terapia por el arte. Decenas de retratos, sacados de una colección de 1200 fotografías, permiten seguir la evolución fisionómica de los internos.

Expuestos en unas vitrinas anticuadas, unos aparatos de convulso-terapia, una camisa de fuerza, un perforador craneal y un escarificador transmiten una imagen más primitiva de las prácticas de la época. El 3 de octubre de 1910, un desequilibrado mató al Dr. Miguel Bombarda en su despacho, que se puede ver por una ventana entornada, en la planta baja a la izquierda, justo después de la puerta de entrada.

¿QUÉ ES LA ARQUITECTURA PANÓPTICA?

La arquitectura panóptica es un tipo de construcción penitenciaria creada por el filósofo utilitarista inglés Jeremy Bentham (1748-1832) para que los prisioneros siempre estuvieran vigilados desde un lugar central.

Fuera del Pabellón de Seguridad, unas termas de estilo romántico, neogótico y neorrenacentista, destinadas a los depresivos, dan fe del surgimiento de la terapia balnearia. La reina María II las inauguró en 1853, antes de pasar ahí una larga temporada.

El Pabellón de Seguridad inspiró algunos cortometrajes sobre el ambiente de este lugar tabú. En *Jaime* (1974), António Reis describe a un interno esquizofrénico que realizó muchos escritos y dibujos incoherentes, durante sus treinta años de internamiento. *El color del silencio* (2007) se centra en los pacientes pintores mudos. *El teniente* (2010) de Rafael Martins narra el asesinato del Dr. Miguel Bombarda.

LOS SECRETOS DE LA *CASA DOS 24*

15

Iglesia de S. José dos Carpinteiros
Rua de S. José nº 64
- Visitas previa cita
- Tel.: 218855230
- Junta da Freguesia de São José
- Metro: Restauradores

Una iglesia «masónica» en Lisboa

Aunque fue más conocida en la época pombalina, la iglesia de *S. José dos Carpinteiros* (San José de los Carpinteros) se llamaba originalmente *S. José de Entre as Hortas* (San José en los Huertos). Al principio (1545) los hermanos del Patriarca San José erigieron una pequeña capilla entre los huertos situados al norte de las puertas de *Santo Antão* (San Antonio). En 1567, se convirtió en iglesia parroquial.

La iglesia fue sede de la cofradía de *S. José dos Carpinteiros*, descendiente de la corporación de los maestros de la *Casa dos 24* (Casa de los 24) o *da Mesa* (de la Mesa), que agrupaba los principales oficios de la ciudad que dieron su nombre a las calles de la Baixa: *correeiros* (artesanos del cuero), *sapateiros* (zapateros), *ourives* (orfebres), etc. Fundada durante el reinado de Don Juan I (1357-1433) y cerrada el 7 de mayo de 1834, la corporación *Casa dos 24* se reunía en este lugar desde 1750. Todos los documentos sobre su funcionamiento y sus gastos, desde el siglo XVIII siguen existiendo así como la bandera original de la cofradía y la mesa de reuniones con 24 asientos y 24 cajones en madera exótica del siglo XVII, que se encuentran en la capilla. La cofradía de San José de los Carpinteros, cuyo blasón (el árbol del paraíso y el compás masónico) puede admirar en la puerta lateral, inició sus actividades en 1522 con albañiles y carpinteros, sumándose posteriormente los picapedreros, carpinteros y ebanistas. Es la corporación obrera más antigua de Europa y lo más probable es que inspirase a la masonería especulativa fundada en 1717 en Francia. La fachada de la iglesia fue destruida por el terremoto de 1755, reconstruyéndose de inmediato por orden del maestre masón Caetano Tomás. A ambos lados del pórtico, rematado por el medallón oval de San José, hay piedras esculpidas en las que están inscritas las principales fechas del templo, y en relieve, los instrumentos del albañil y del carpintero cuyos valores filosóficos se reconocen en la toponimia de las calles colindantes: Fe, Esperanza y Amor (Caridad).

Es probable que la fe visionaria y profética de estos maestros obreros haya sido idéntica a la de los monjes agustinos descalzos de Santo Antão o Velho, cuyo convento estaba aquí y que fue destruido por el seísmo de 1755. Este se hizo famoso gracias a su abad Fray Maria da Visitação, condenado por la Inquisición por sus milagros controvertidos y sus visiones grandiosas. Era tal su renombre internacional, que incluso el duque de Medina de Sidonia le visitó para que bendijera el estandarte de la Armada Invencible.

N DAVÍDICA PROLES
ATQVE DEÎ.
HOMÎNVM QVE PATRONVS
NOVOS.
VNABVLA SAC RET
TVNVS AMOR

A MEMÓRIA DE
CARLOS ALBERTO CARVALHO
LOPES
AGRADECEMOS A DEUS E
OBRIGADA
TERESA
OBRIGADO IRMÃO POR ME
TERES CURADO A MINHA
OBRIGADO
DR. SOUSA MARTINS
GRATA
PELO MEU
SOBRINHO
DR. SOUSA MARTINS
AGRADEÇO AS GRAÇAS
CONCEDIDAS
L.I.
AGRADEÇO A DEUS
PALMIRA

LOS EXVOTOS DE LA ESTATUA DEL DOCTOR SOUSA MARTINS

16

Campo Mártires da Pátria
• Autobús: n° 30

> ***Las intercesiones milagrosas del «Padre de los Pobres»***

La cantidad de exvotos amontonados alrededor de la estatua del doctor José Tomás de Sousa Martins (Alhandra, 7 de marzo de 1843 - Alhandra, 18 de agosto de 1897), en el centro del campo dos Mártires da Pátria, testimonia el culto, aún importante, que se rinde a este personaje que casi alcanzó el estatus de santo laico. Aún hoy, se invoca la intercesión milagrosa del Dr. Sousa Martins para los problemas de salud.

Obra del escultor Costa Motta, la estatua fue inaugurada el 7 de abril de 1904 por iniciativa de la comisión de los amigos del añorado profesor, liderada por Casimiro José de Lima con el propósito de perpetuar la memoria de Sousa Martins enfrente de la Escuela de Medicina.

Profesor catedrático, licenciado en farmacia y medicina, Sousa Martins destacó sobre todo por su lucha contra la tuberculosis, donde llevó a cabo un intenso trabajo, a menudo gratuito. Nada religioso y muy humanista, brillante orador dotado de humor e inteligencia, fue siempre un hombre generoso, en particular con los más desfavorecidos. Influyó mucho en sus colegas, estudiantes y pacientes que cuidaba. Esta influencia se transformó y se extendió de tal modo que se le empezó a rendir culto a los pies de su estatua y sobre su tumba en el cementerio de Alhandra.

En su lucha contra la tuberculosis se exponía a la misma al estar diariamente en contacto directo con sus pacientes. Muchos murieron con sus manos entre las del doctor, y algunos incluso vieron sobre su cabeza una extraña aura de santo. Decía a sus estudiantes: «De noche, cuando entres en un hospital y oigas a un enfermo gemir, acércate a su cama y mira lo que necesita el pobre enfermo, y si ya no puedes darle nada más, dale una sonrisa».

Sus dotes de clínico y su postura humanista de no cobrar a los más desfavorecidos le valieron el reconocimiento popular y el título de «Padre de los Pobres», reconocimiento que aumentó debido a las circunstancias trágicas de su muerte. Se suicidó en la madrugada del 18 de agosto de 1897, tras haber contraído la incurable tuberculosis, dejando escrito: «La tuberculosis, antes de arrancar la vida de un hombre, le hace vivir un largo martirio, y hace del mártir un incapacitado».

LA SOCIEDAD GEOGRÁFICA DE LISBOA 17

Rua Portas de Santo Antão, 100
- Visitas guiadas gratuitas en portugués cada primer martes de mes
- Se pueden reservar visitas guiadas en otros idiomas o sobre un tema específico
- Tel.: +351 213 425 40
- www.socgeografialisboa.pt/museu

Un viaje en el tiempo

La Sociedad Geográfica de Lisboa se puede visitar, previa reserva, una vez al mes en lo que terminan las obras (fecha aún desconocida) que, una vez concluidas, permitirán aumentar la frecuencia de las visitas.

El recorrido, un auténtico viaje en el tiempo, empieza en un salón obsoleto con canapés de terciopelo verde antes de subir los peldaños de la gran escalera central.

En la primera planta, llegamos a una primera sala austera, con su gran mesa de ébano esculpida, alrededor de la cual se reunían los geógrafos, científicos, militares y otros exploradores de la institución. En las paredes cuelgan los retratos de todos los presidentes de la institución, desde su fundador en 1875, Luciano Cordeiro, oficial de marina especialista del continente africano, hasta el director actual, Luís Aires Barros, que a veces se encarga de hacer la visita guiada.

La sala más espectacular es la sala Portugal con las paredes acolchadas de color carmín: mide 50 metros de largo y cuenta con unas galerías a dos niveles en todo su perímetro que albergan objetos de distintas expediciones y los mapas más importantes. La dimensión de la sala muestra el espíritu que reinaba en el siglo XIX, los desafíos internacionales de los distintos poderes europeos de expansión hacia Asia y África y la posición privilegiada de Lisboa, la punta más occidental de Europa, ahí donde "la tierra termina y el mar comienza", tal como lo escribió Camões. Junto a la gran sala Portugal, una pequeña sala de conferencias gira en torno a un inmenso mapamundi en el que podemos ver, mediante un juego de retroiluminación, todos los recorridos marítimos de los exploradores portugueses, desde Vasco de Gama hasta Sacadura Cabral, pasando por Gago Coutinho.

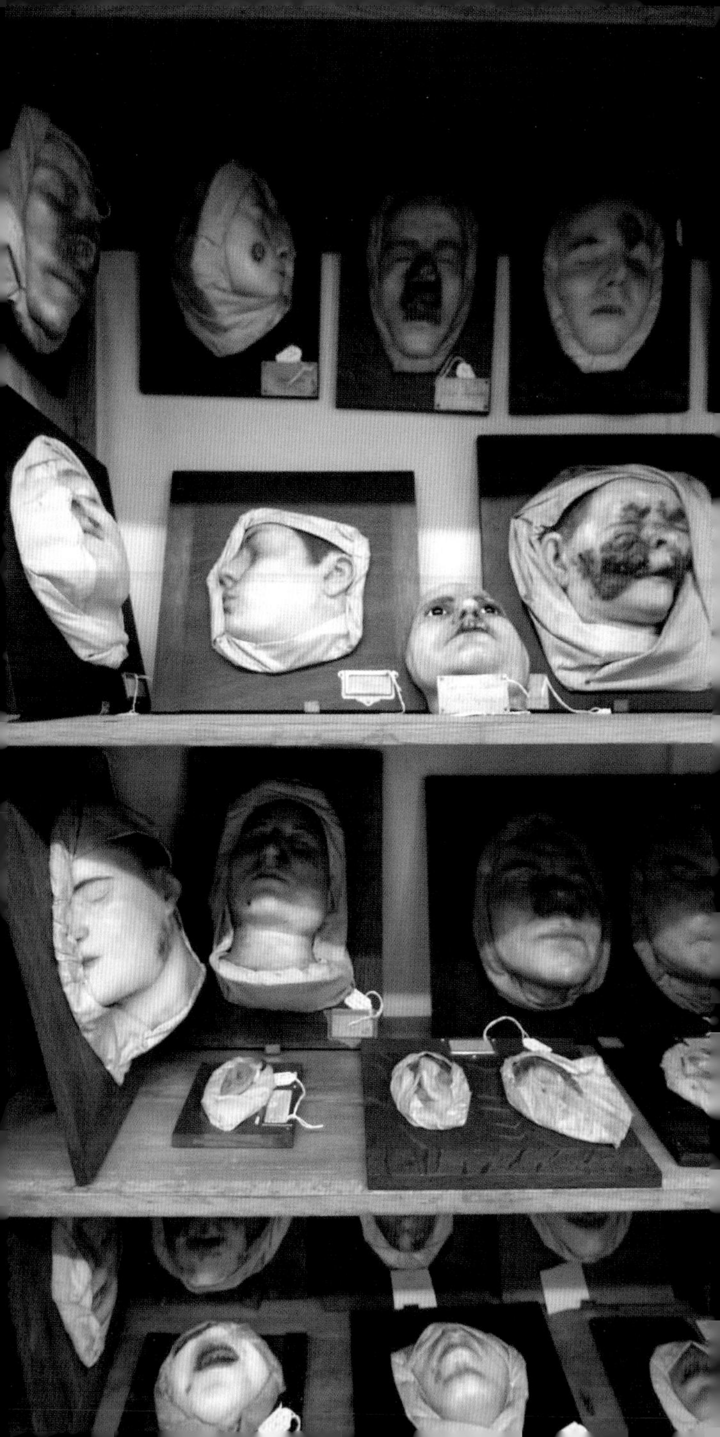

LAS MÁSCARAS DE CERA DEL MUSEO DE DERMATOLOGÍA

18

Hospital dos Capuchos
Alameda Santo António dos Capuchos
• Visitas a las 15 h previa cita (+351 21 817 05 93 o visitas.comentadas@cm-lisboa.pt) en la División de la Promoción y de la Comunicación Cultural de la Dirección Municipal de la Cultura Gratuita
• Autobús: nº 723

"Una colección impresionante

El Museo de Dermatología, situado dentro del Hospital dos Capuchos, reúne una magnífica colección de equipamientos médicos, documentos y fotografías, pero sobre todo una colección de figuritas de cera muy realistas que muestran enfermedades de la piel. La colección consta de 254 máscaras: 92 son del Servicio de Dermatología del Hospital dos Capuchos de principios de los años 1950, las 162 restantes son del Hospital de Desterro, hoy cerrado, y se realizaron por encargo del médico Alberto Luís de Sá Penella, entre los años 1930 y 1940.

Estas máscaras representan patologías que, gracias a los progresos de la ciencia, han desaparecido o son extremadamente raras hoy en día, como las gomas sifilíticas, los estados avanzados de la enfermedad de Nicholas Favre, algunas formas de tuberculosis cutánea, o incluso las transformaciones dermatológicas causadas por el uso de arsénico inorgánico.

Estas máscaras se creaban colocando los moldes directamente en los pacientes. La parte del cuerpo a reproducir se recubría con una sustancia no adherente y un apósito. Una vez seca, la máscara se convertía en el negativo de la lesión. Se añadía entonces una mezcla de cera en fusión, que se solidificaba.

El positivo en cera resultante se pintaba y, para darle más realismo, se añadía vello, cabello natural y ojos artificiales. Luego se enrollaba en una tela, fijada a un soporte de madera, y se etiquetaba con el nombre de la patología. A diferencia de las piezas de la famosa Specola, en Florencia, los moldes se sacaban directamente de los pacientes que sufrían lesiones cutáneas, de personas reales cuyos nombres e historiales médicos eran accesibles.

El museo nació en los años 1940, cuando surgió la idea de crear tres unidades de cuidados para los enfermos cutáneos en las ciudades de Oporto, Coímbra y Lisboa. En 1947, Caeiro Carrasco, director del Servicio de Dermatología del Hospital dos Capuchos, propuso la creación de santuarios dedicados a esta especialidad en sus tres unidades. En 1955, se destinó una sala del Hospital de Desterro a lo que llamaron por entonces el Museo de Dermatología Portuguesa. El museo tenía dos objetivos: rendir homenaje al dermatólogo Luís Alberto de Sá Penella y conservar las figuritas de cera que representan un gran número de patologías. En 2007, con motivo del cierre del establecimiento de salud de Desterro, João Carlos Rodrigues, erudito protector del patrimonio del museo, promovió el traslado del museo al Salão Nobre del Hospital de Capuchos. En 2009, la colección de Caeiro Carrasco llegó al hospital.

FUNDADA
EM
1849

LA ANTIGUA FÁBRICA DE CERÁMICAS VIÚVA LAMEGO 19

Largo do Intendente, n.º 25
• Horario: de lunes a viernes de 10 a 17 h
• Metro: Intendente

Un hermoso conjunto de azulejos en un barrio siniestro

La antigua residencia de Diogo Inácio de Pina Manique (1733-1805), intendente general de la policía, se encuentra en el Largo de Intendente. Se trata de un edificio austero de varias plantas, de estilo anti-pombalino, cuya sobriedad refleja la de su primer propietario. Éste se tomó muy en serio su función de intendente general de la policía reprimiendo con inusitada exageración todo aquello que no fuese «moral y de buenas costumbres».

En la actualidad, situado en una zona desfavorecida de la ciudad, el edificio sigue decorado de arriba a abajo de hermosos azulejos multicolores.

Se trata de la antigua *Fábrica de Cerâmica Viúva Lamego*, fundada por António da Costa Lamego, segundo propietario del terreno después el intendente. En 1849 instaló la fábrica de cerámicas. En 1865 mandó construir el edificio actual cuya fachada que da al Largo do Intendente está revestida de azulejos multicolores. Hoy se siguen fabricando loza y cerámicas artísticas.

Al morir su fundador, la fábrica pasó a llamarse *Viúva Lamego*, en reconocimiento a su viuda. La heredó uno de sus hijos quien se la vendió a un cuñado suyo, João Garcia Jerpe, pasando posteriormente a manos de João Agostinho da Costa Garcia.

Durante la construcción de la avenida de Dña. Amélia, que en 1911 pasó a llamarse Almirante Reis, la empresa perdió los terrenos adyacentes al convento *do Desterro* (hoy un hospital), pero esta expropiación le vino bien ya que la fachada principal da ahora a esta avenida.

Hoy, las instalaciones del lado del Largo do Intendente Pina Manrique, se dedican a la exposición y a la venta, ya que la fábrica se ha trasladado a Palma de Baixo, donde se fabrican azulejos de excelente calidad, tanto industriales como artísticos, como los que revisten la estación de metro de *Cidade Universitária*, diseñados por Vieira da Silva. La sede se encuentra en Abrunheira.

SEPVLTVRA DEANTONIO CAVIDE·
EDESVA MVLHERDMARIANA ANTO
NIA DECASTRO.

EL LAGARTO DE LA PEÑA DE FRANCIA

20

Iglesia de Nossa Senhora da Penha
Largo da Penha de França
• Autobús: n° 107

Un lagarto que salvó a los lusitanos del paganismo

La iglesia de *Nossa Senhora da Penha de França* (Nuestra Señora de la Peña de Francia) es uno de los testigos más importantes de la intervención de lo sobrenatural en Lisboa. De hecho, alberga en su interior la *casa dos milagres* (casa de los milagros) donde está expuesta una curiosa colección de exvotos.

De entre todas las leyendas que tiene este lugar, la del *lagarto de la Peña* es seguramente la más conocida. Una de las versiones cuenta que un peregrino cansado estaba durmiendo en la pendiente del monte cuando, estando a punto de ser atacado por un enorme lagarto, Nuestra Señora le despertó y le salvó milagrosamente. Según otra versión, el lagarto, por intervención de Nuestra Señora, lo despertó y lo salvó del ataque de una cobra. En este caso, la serpiente simbolizaría la antigua religión pagana de los árabes y el lagarto representaría al dragón de los lusitanos cristianos. La iglesia conservó hasta 1739 un gran lagarto disecado que sustituyeron por uno de madera, desaparecido en el terremoto de 1755. Prevaleció la segunda versión, y se pueden ver un lagarto y una cobra esculpidos sobre las puertas de la sacristía, repitiéndose la leyenda del lagarto en el panel de azulejos de la fachada posterior de la iglesia.

La fundación del actual convento de Nuestra Señora de la Peña de Francia data de finales del siglo XVI y pertenecía a la Orden de Ermitaños de San Agustín, aunque anteriormente fue una sencilla ermita, obra de Antonio Simões, un dorador de Lisboa que acompañó a D. Sebastián durante su expedición a Alcazarquivir, la mayor derrota militar portuguesa de la historia. Antonio Simões había prometido a la Virgen que si salía con vida de la batalla mandaría hacer nueve imágenes de diferentes invocaciones de Nuestra Señora. Cumpliendo su promesa, la última imagen recibió el nombre de *Nossa Senhora da Penha de França* y adorna la capilla Victoria. En una fría noche de 1597, Antonio Simões, que no había acabado la ermita, izó una bandera con la imagen de la Señora. La pintura resplandeció en plena oscuridad. Corrió la noticia rápidamente, iniciándose así el culto a la Virgen de la Peña.

Cuenta la leyenda que en este lugar escarpado de la Peña de Francia *Ulises* se enamoró de la «diosa serpiente» *Ofiusa*.

El nombre *Peña de Francia* es un recuerdo al monje francés que descubrió una estatua de la Virgen escondida en una roca, cerca de esta iglesia, en tiempos de la ocupación árabe de la península ibérica, cuando el cristianismo estaba sometido al islamismo.

LA IGLESIA DE SAN FÉLIX DE CHELAS

21

Largo de Chelas, Marvila
• Visita previa cita ante el Archivo General del Ejército
• Tel.: 218391600
• Autobús: nº 104

" *El lugar donde Ulises vino a buscar a Aquiles*

Prácticamente desconocidos (sólo se visitan previa cita), la iglesia y el convento de San Félix de Chelas tienen una historia rica y fabulosa que se remonta a los tiempos del héroe griego Ulises y de su compañero de aventuras Aquiles, y se prolonga hasta la época visigoda. Considerado el *Templo de las Maravillas*, por todo lo que contiene para admirar y contar, inspiró el nombre de esta parroquia *Maravilha* (Maravilla) o *Marvila*. Los altares de la capilla principal de esta iglesia muestran, envueltas en leyendas milagrosas, las reliquias de sus 26 santos patronos, guardadas en esculturas en 1604 por encargo de Dña. Luisa de Noronha, benefactora de este convento. También se han descubierto vestigios de la ocupación romana, como el famoso *Sarcófago de los escritores*, denominado así por las cuatro musas (Talía, Melpómene, Polimnia y Clío) que, en su respectivos frisos, acompañan, cada una, a un escritor. El origen cristiano del convento remonta por lo menos a 665, cuando Recesvinto gobernaba la monarquía visigoda. Habría recibido las reliquias de San Félix -martirizado en Gerona en el año 30 d.C.-, traídas en barco a través del estuario que bañaba entonces el valle de Chelas.

En el siglo IX, Alfonso III de León, llamado el Grande, conquistó Lisboa a los moros y entregó a este convento las reliquias de los mártires San Adriano y su mujer Santa Natalia, provenientes de Galicia. En 1147, D. Alfonso Henriques reconstruyó el edificio, lo hizo consagrar de nuevo y lo entregó a la Orden del Temple, convirtiéndose ésta en donataria del valle de Chelas y de la zona oriental de la ciudad. En 1290, este edificio religioso ya pertenecía a la Orden de San Agustín que, hasta 1219, tuvo dos comunidades de clausura, una masculina y otra femenina, sobreviviendo sólo esta última.

A partir de 1757, el arzobispo D. Miguel de Castro mandó colocar las reliquias en unas arcas donadas por Dña. Isabel Scota junto a la capilla *do Nascimento* (del Nacimiento), bajo un portal donde las madres hacían pasar a sus hijos enfermos invocando la protección de los santos mártires, antes de lavarlos con el agua de uno de los pozos situados junto al antiguo muelle del estuario. Este antiguo convento aún conserva el pórtico manuelino, los azulejos policromos del atrio, el claustro con la fuente y unos bancos con respaldos inclinados, las jardineras azules y blancas así como las escaleras recubiertas de azulejos.

En el siglo VII a.C., habría existido aquí mismo un templo de vestales consagradas a Tetis, reina de las nereidas [ninfas del mar] o de las ninfas del Tajo, donde, según la leyenda, Ulises fue a buscar a Aquiles que se había refugiado ahí y vivía vestido de doncella, participando en una especie de iniciación matriarcal. Del nombre de *Aquiles* habrían derivado *Achelas* y *Chelas*, que en tiempos de D. Juan I también se escribía *Celhas*.

LOS AZULEJOS HERMÉTICOS DE LA IGLESIA MADRE DE DIOS 22

Convento Madre de Deus - Museo Nacional de los Azulejos
Rua da Madre Deus, 4
• Abierto lunes y martes
• Autobús: nº 718

"*Símbolos de secreto y silencio*

Una serie de azulejos de importante significado decoran los muros de la iglesia del convento *Madre de Deus* (Madre de Dios). En esta zona oriental de Lisboa, el Braço de Prata o Lunar, habitaban mujeres con vocación religiosa, y sobre todo, espiritualmente realizadas, como es el caso de algunas franciscanas espirituales o beguinas de este convento, que convirtieron este lugar en un Colegio de Tradición Hermética.

Esta prerrogativa se muestra en la entrada del edificio con la inscripción RER, iniciales latinas de «*Regina Eleonor Refacit* » («*la reina Leonor ayudó a hacer*»). Desde un punto de vista alquímico, RER simboliza el vaso filosófico donde se realizan las transformaciones y sublimaciones químicas de los elementos naturales. Asume el significado de *Regeneratio*, siguiendo el ejemplo de la vida piadosa de Santa Auta mártir, iconográficamente representada con una flecha clavada en el pecho, cuyos restos mortales yacen en este convento, en un féretro de nácar, desde el 2 de septiembre de 1517.

Dentro de la iglesia, los paneles de azulejos relatan aspectos de la vida espiritual, no de los franciscanos como cabría esperar de esta iglesia franciscana sino de los Padres del Desierto de la tradición de San Antonio el Ermitaño. Poseían el secreto de la realización espiritual, lo que exigía de ellos un silencio prudente, como muestra el retrato de un monje que esboza la señal de *sigeh* -silencio- llevando su dedo índice a los labios (azulejo al fondo a la izquierda del altar).

Otro gran panel de azulejos muestra la vida de estudios, adoración y trabajo de los Padres del Desierto, una alusión al *lege, ora e labora* de los Filósofos del Fuego que practicaban la alquimia mística, estrictamente interior (transformación del alma lunar en espíritu solar).

La alameda ancha y larga bordeada de árboles, por donde caminan el maestro y el discípulo, representa el camino de la Realización Espiritual. Otro panel muestra un cedro de Líbano, árbol sagrado que simboliza el Árbol de la Vida en el centro del jardín del Paraíso (donde un monje arrodillado reza rodeado de animales), aquí custodiado por un cocodrilo, símbolo del Adepto Perfecto, encarnado por San Antonio, con el papa arrodillado o rendido a sus pies, del mismo modo que Pedro se inclinó ante Juan.

o tempo
não seja seu
escravo

EL MUSEO CÁPSULA DE PIERRE PROSERPIO 23

Livraria Devagar
LX Factory
Rue Rodrigues de Faria
Alcantara
• Tranvía: n°s 15E y 18E
• Tel.: 21 325 9992
• Horario: de lunes a viernes de 15 a 20 h

"Un universo poético encima de una librería

La última planta de la preciosa librería Ler Devagar alberga el pequeño museo cápsula del artista Pietro Proserpio y merece claramente una visita. Este infatigable creador italiano de 78 años imagina objetos poéticos, diseñados en torno al tiempo, al reciclaje y al cine.

Cada una de sus piezas, movidas por pequeños motores insertados en los ordenadores y demás mandos a distancia, está hecha con "un poco de amor". A juzgar por las carcajadas que se escuchan durante las visitas comentadas por Pietro Proserpio, parece que también ha puesto mucho humor.

Para sus creaciones poéticas, Proserpio, narrador políglota, se inspira "en Einstein para el tiempo y en Leonardo da Vinci para los inventos". Aunque la rotativa, que antaño imprimió los periódicos *Publico, L'Expresso* o billetes de lotería, ha encontrado su lugar en miniatura en este minimuseo.

VILLAGE UNDERGROUND LISBOA

24

Museu da Carris
Rua 1º de Maio, 103
- Tel.: 215 832 469
- www.vulisboa.com (consulte la web para ver los eventos culturales y artísticos)
- Horario: todos los días. Cafetería: de 12 a 18 h
- Tranvía: nº 15, parada Santo Amaro

Un aire de Támesis en las orillas del Tajo

Pocos son los lisboetas que conocen el Village Underground Lisboa, apodado "VU" por los responsables de esta iconoclasta empresa que recuerda el concepto con el mismo nombre que nació a orillas del Támesis, en Londres. Abierto en 2014 y situado a los pies del imponente puente 25 de Abril, a unos pasos de LX Factory, otro sitio de moda de la capital portuguesa, este proyecto colorido y colaborador de centro cultural independiente puede pasar fácilmente desapercibido para quienes se aventuran en este barrio, un poco apartado del centro. Y su razón tiene: de lejos, el Village Underground parece un enorme "desguace de coches" a cielo abierto. Efectivamente, el VU está hecho con viejos autobuses de dos pisos de la compañía de transporte portuguesa Carris y con 14 viejos contenedores de transporte marítimo. El objetivo de los responsables del proyecto: transformar estos trastos viejos de colores vivos en la meca de la vida cultural y artística de Lisboa. El VU también tiene talleres

de pintores y diseñadores, que pueden exponer sus obras aquí, pero también se usa para actividades más tradicionales, como unas abogadas que han elegido los coloridos contenedores que adornan este insólito concepto participativo para instalar su oficina. Otro contenedor alberga el estudio de grabación de un famoso DJ.

En el VU, el *coworking* es el pilar de este proyecto comunitario que se presenta como una incubadora de empresas emergentes de la industria creativa y un espacio de actos festivos. Por ejemplo, los distintos participantes comparten las salas de reuniones que ocupan los viejos autobuses cedidos por Carris. Aunque este sitio un poco barroco parece estar hecho con una mezcla de varias cosas, no se deje engañar: tecnológicamente es muy moderno ya que el wifi es excelente, los locales están climatizados –de lo contrario este lugar sería un horno en verano y un congelador en invierno– y el espacio está vigilado 24 horas al día.La cafetería sirve café, pasteles, ensaladas y platos del día a un módico precio a los ocupantes de la VU y a sus visitantes y también está dentro un típico autobús de dos pisos lisboeta.

VILLAGE UNDERGROUND, UN CONCEPTO EUROPEO QUE VA VIENTO EN POPA

El Village Underground es una plataforma internacional que nació en Londres en 2007 y en Lisboa en 2014.

Forma parte de una red europea de 50 centros culturales independientes, el Transeurope Halles, cuya sede está en Suecia. La consigna común de la red es reunir en un mismo lugar un espacio de trabajo destinado a la comunidad creativa y un centro multicultural, reutilizando espacios o materiales que han caído en desuso.

ÍNDICE TEMÁTICO

ÍNDICE TEMÁTICO

NOTAS

NOTAS

NOTAS

Créditos fotográficos
Todas las fotografías son de **Paulo Andrade** excepto:
Rupert Eden : págs. 54, 56, 82, 184, 189, 210, 212
Camille de la Rochère : págs. 27, 78, 79, 80, 81, 84, 85, 154, 155, 214, 215, 234, 235, 236, 237
Palais Belmonte : págs. 24-25
Charlotte Valade : págs. 12, 14, 18, 44, 104, 158, 159, 160, 161, 162, 163, 238, 240, 244, 245, 252, 253, 254, 258, 259.
Johan Ricou : págs. 13, 44, 45, 104, 105, 148, 149, 260, 261

Créditos de texto
Camille de la Rochère : págs. 27, 78, 79, 80, 81, 84, 85, 154, 155, 214, 215, 234, 235, 236, 237
Charlotte Valade : págs. 158, 159, 160, 161, 162, 163, 244, 245, 258, 259
Johan Ricou : págs. 13, 44, 45, 104, 105, 148, 149, 260, 261

Nuestro agradecimiento a: Biblioteca Nacional de Lisboa, Dra. Eneida Voss, Palácio Foz, Dra. Sofia Carvalho, Associação Amigos dos Castelos, Dr. João Aníbal Henriques, Empresa Turística Tow, Patriarcado de Lisboa, Ministério do Exército, Câmara Municipal de Lisboa, Torre do Tombo, Museu Nacional de Arte Antiga, Museu Nacional de Arqueologia, Dr. Paulo Pereira (autor de "Lugares Mágicos de Portugal", ex-presidente de IPPAR), Dr. Manuel J. Gandra (Historia mítica de Portugal), Profesor Josué Pinharanda Gomes (pionero de la filosofía portuguesa), Museu da Cidade, Museu da Água, Comunidade Teúrgica Portuguesa, Dr. Juan Garcia Atienza (Historia mítica de España), Museu Maçónico Português, Geoffroy Moreno, Rui Pires, Pierre Frédéric Coustols, Laetitia Monfort, Fiori Tiziana.

Cartografía: **Franz Huber** - Diseño: **Roland Deloi** - Maquetación: **Iperbole** - Traducción: **Paloma Martínez de Velasco** - Corrección de estilo: **Patricia Peyrelongue** - Corrección de textos: **Anahí Fernández** - Edición: **Lorraine du Chazaud**

Depósito legal: Abril 2018 – Edición: 02
ISBN: 978-2-36195-282-2
Impreso en Bulgaria por Dedrax